서울대 한국어

Workbook 1B

서울대학교 언어교육원

서울대 한국어 1B Workbook

지은이	서울대학교 언어교육원
편집인	박형만, 공제학, 송솔내
펴낸곳	(주)투판즈 서울시 강남구 논현로 303 Tel (02)2140-2500 Fax (02)2140-2599 www.twoponds.co.kr
등록	1980년 10월 7일 제2004-000086호
디자인	디자인마루 / 새담디앤피
초판 1쇄	2013년 3월 1일
63쇄	2026년 2월 1일
ISBN	978-89-539-4947-8

Written by Language Education Institute, Seoul National University
Published by TWOPONDS Co., Ltd.
Designed by Designmaru / SAEDAM D&P

머리말 Preface

〈서울대 한국어 1B Workbook〉은 〈서울대 한국어 1B Student's Book〉의 부교재로, 주교재에서 학습한 내용이 연습을 통해 사용 능력으로 정착되도록 구성하였다. 이를 위해 어휘와 문법을 다양한 맥락 속에서 사용해 보고 복습 단원을 통해 정리 학습이 이루어질 수 있도록 하였다.

어휘는 사용 영역을 고려한 문장 및 대화 단위의 연습 문제를 마련하여 맥락에서 의미를 파악하고 생산적인 사용에 이를 수 있도록 하였다. 또한 목표 문법을 문장 및 대화 단위에서 정확하게 사용하여 문장 구성 능력, 담화 구성 능력을 익힐 수 있도록 하였다. 어휘 및 문법의 연습 문제에 제시된 문장이나 대화는 연습을 위한 기계적 문장을 지양하고 실제적 상황, 유의미한 대화에 중점을 두고 제시함으로써 교실에서의 연습이 교실 밖에서의 언어 사용 능력으로 용이하게 연계되도록 하였다. 또한 학습 내용을 점검하고 정리하기 위한 복습 단원을 두 단원마다 두었다. 복습 단원에서는 의미적 또는 형태적으로 유사한 문법의 구별 학습, TOPIK 형식의 어휘와 문법, 듣기, 읽기 및 쓰기 연습 문제 풀이, 발음 복습 등을 통해 과별로 학습된 언어 지식 및 언어 기술을 확인하고 통합하여 사용해 보도록 하였다. 또한 말하기 확장 연습을 추가로 제공하여 초급 단계의 구어 능력을 강화할 수 있도록 하였다.

이 책이 완성되기까지 많은 분들의 노력과 수고가 있었다. 무엇보다 오랜 기간에 걸쳐 집필 및 출판 과정에 참여한 교재개발위원회 선생님들의 헌신으로 책이 만들어질 수 있었다. 또한 2012년 가을학기에 직접 수업에서 사용하면서 꼼꼼하게 수정해 주신 김정화, 김현진, 김수영, 이소영, 이창용, 이현의, 김정은, 박광희, 이수정, 이희진, 최지영 선생님, 정확한 발음으로 녹음을 해 주신 성우 임채헌, 우현주 선생님의 노고에 감사를 드린다. 아울러 책이 출판되기까지 오랜 기간 동안 작업을 도와주신 투판즈의 사장님과 도현정 부장님, 박형만 편집팀장님, 공제학 과장님, 송솔내 대리님을 비롯한 편집진 여러분께도 고마운 마음을 전한다.

2013. 3.

서울대학교 언어교육원

원장 정 상 준

Preface 머리말

<Seoul National University Korean Language 1B Workbook> is a supplementary resource for <Seoul National University Korean Language 1B Student's Book>. This book is carefully coordinated to develop learners' proficiency through exercises supporting the content of the main textbook. It provides a variety of exercises for vocabulary and grammar, and review units.

Sentence level and dialogue level vocabulary exercises are designed to promote learners' ability to grasp meaning in context and apply language in productive manner. Grammar exercises develop learners' control of grammar at the sentence level and conversational level, and further expand learning ability to creating sentences and conversational language. Carefully selected sentences from meaningful and authentic communicative contexts enable learners to apply language in real-life situations beyond the classroom. A review unit for each pair of main units allows both evaluation of learners' progress and review. Review units provide learners with opportunities to integrate the knowledge and skills acquired from each unit through the contrast of grammar items that are similar in meaning and form, TOPIK test modeled review exercises for vocabulary, grammar, listening, reading, and writing, and a pronunciation review. Extended speaking practice enhances learners' early competence in spoken language.

We wish to express our sincere gratitude to all who contributed to this project. We would particularly like to thank all instructors from the textbook development committee. Without their dedication and effort this textbook would not have been possible. Also, we would like to thank the following instructors for their help in piloting materials and making suggestions during the Autumn session 2012: Kim Chunghwa, Kim Hyunjean, Kim Sooyoung, Lee Soyoung, Yi Changyong, Lee Hyuneui, Kim Jungeun, Park Kwanghee, Lee Sujeong, Lee Heejin, Choi Jiyoung. In addition, we would like to thank Lim Chaeheon and Woo Hyunju for their audio recordings. Finally, we would like to extend our gratitude to the CEO of TWOPONDS, Director Do Hyunjeong, Editorial Manager Park Hyungman, Mr. Kong Jehak, Ms. Song Solnae and all other editorial staff members for their generous support in having this volume published.

March 2013

Jeong Sangjun
Executive Director
Language Education Institute, Seoul National University

일러두기 How to use this book

서울대 한국어 1B Workbook은 〈서울대 한국어 1B Student's Book〉의 부교재로, 9~16과, 복습 5~8로 구성되었다. 각 과는 '어휘 연습', '문법과 표현 연습', '문형 연습'으로 구성되어 있으며, 복습은 '어휘와 문법, 발음, 듣기, 읽기와 쓰기, 말하기'로 구성되어 있다.

The Seoul National University Korean Language 1B Workbook is a supplementary resource for the <Seoul National University Korean Language 1B Student's Book>. This workbook contains 8 main units and 4 review units. Each unit consists of Vocabulary exercises, Grammar and Expression exercises, and Pattern Practice. Review units include Vocabulary and Grammar, Pronunciation, Listening, Reading and Writing, and Speaking exercises.

학습 목표 Learning Goals

각 과의 어휘, 문법과 표현, 문형 연습의 학습 목표를 제시한다.
The Cover Page presents the learning objectives of the Vocabulary, Grammar and Expression, and Pattern Practice portions of each unit.

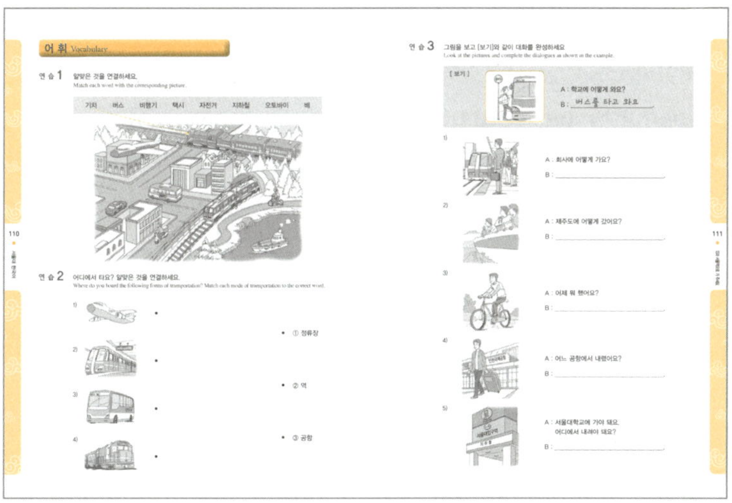

• 어휘 Vocabulary

주제 어휘의 의미를 확인하고 사용역이나 연어 관계 등을 익히며, 문장 혹은 대화 단위의 어휘 연습을 통해 어휘의 사용 능력을 기른다.
The Vocabulary section develops learners' knowledge of lexical meanings, domain of usage, and collocations while promoting vocabulary use through sentence or dialogue level exercises.

일러두기 How to use this book

• 문법과 표현 Grammar and Expression

형태 연습과 문장 단위의 연습, 대화 단위의 연습으로 구성된다.
The Grammar and Expression section offers pattern drill exercises, sentence level exercises and dialogue level exercises.

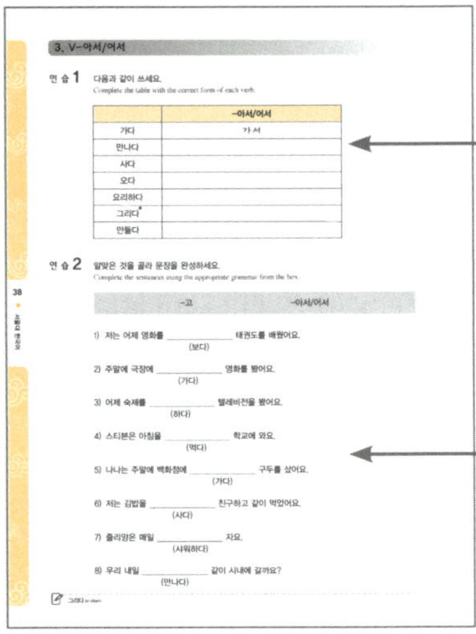

형태 연습

목표 문법의 활용 형태를 연습한다.
Pattern drill exercises provide practice of target grammar conjugations.

문장 연습

제시어나 그림, 사진을 활용하여 문장을 구성한다.
Sentence level exercises allow for the production of sentences using given words, illustrations, or photographs.

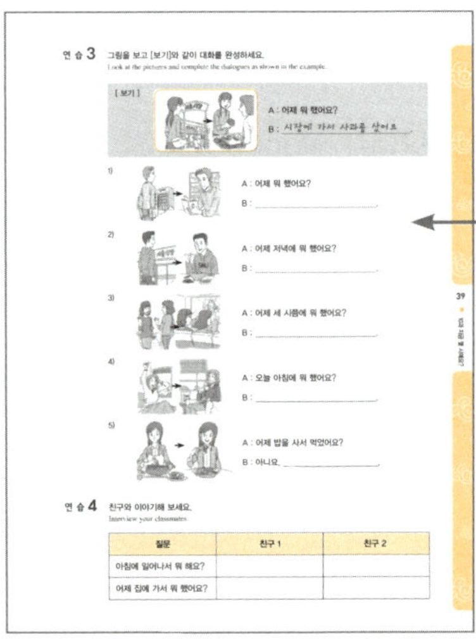

대화 연습

제시어나 그림, 사진을 활용하여 맥락을 드러내는 짧은 대화를 구성한다.
Dialogue level exercises offer short contextual dialogues using given words, illustration, or photographs.

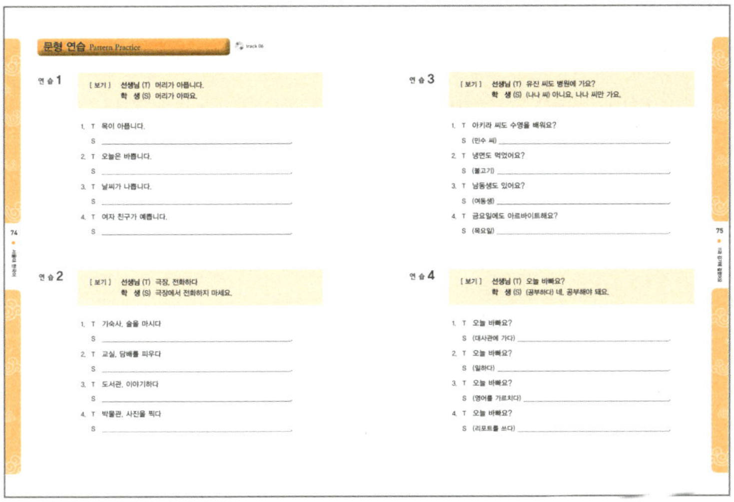

• 문형 연습 Pattern Practice

통제된 반복 연습을 통해 학습한 문법과 표현을 충분히 익히도록 한다.

The Pattern Practice section encourages learning of grammar and expressions through controlled repeated exercises.

• 복습 Review

과별 학습 내용을 연계하여 어휘와 문법, 발음, 듣기, 읽기와 쓰기, 말하기의 영역별 복습을 할 수 있도록 구성되어 있다.

The Review section reexamines the Vocabulary, Grammar, Pronunciation, Listening, Reading, Writing, and Speaking portions of each unit.

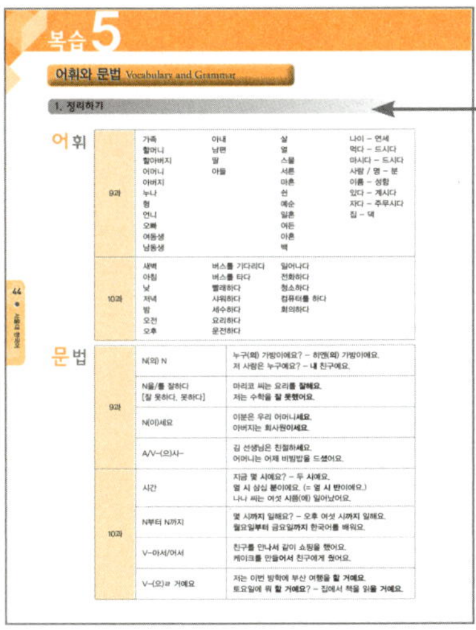

어휘와 문법

주제 어휘, 문법과 표현의 각 항목을 예문과 함께 제시하여 학습 내용을 확인하고 정리할 수 있도록 한다.

The Vocabulary and Grammar section provides a consolidated explanation of each key Vocabulary, and Grammar and Expression item.

일러두기 How to use this book

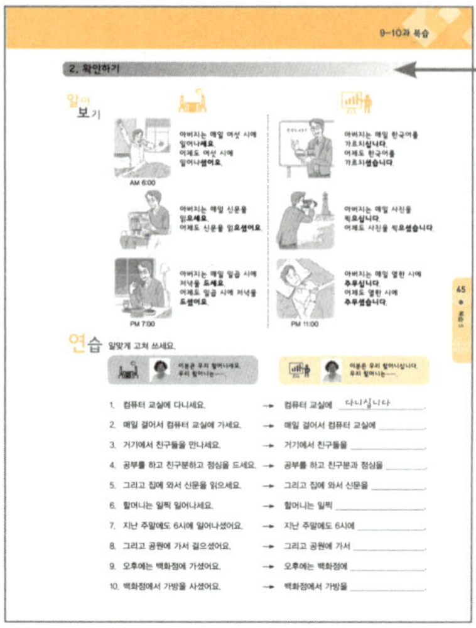

목표 문법 중 학습자 오류가 빈번하거나 심화 학습이 필요한 항목을 선정하여 의미와 용법을 재확인하고 연습할 수 있도록 한다.

The Vocabulary and Grammar section provides exercises to reexamine selected items that have a high frequency of grammatical errors and require further study.

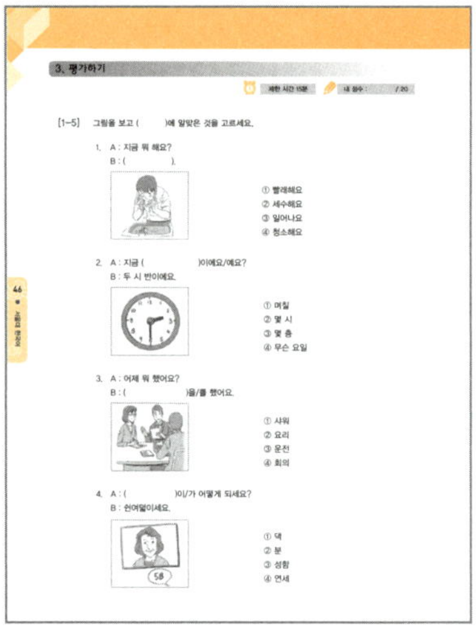

어휘, 문법과 표현에 대한 다양한 유형의 문제를 풀면서 학습자의 성취도를 점검할 수 있도록 한다.

The Vocabulary and Grammar section provides various types of pattern exercises to evaluate learners' progress.

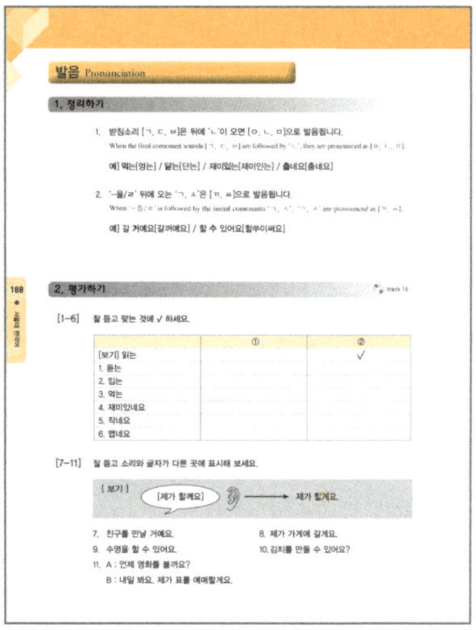

발음

발음 영역의 내용을 확인하고 연습이나 문제 풀이를 통해 정확한 발음을 변별할 수 있도록 한다.

The Pronunciation section enables learners to reevaluate pronunciations and to discriminate correct pronunciations.

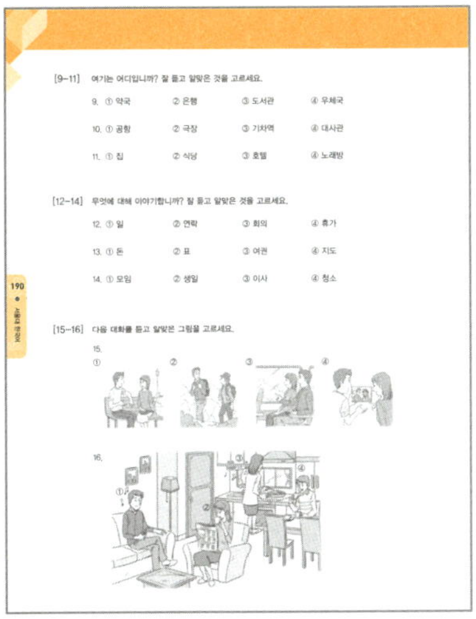

듣기

학습한 주제와 관련된 내용의 문제를 풀면서 의사소통 상황에 대한 이해 능력을 높이도록 한다.

The Listening section promotes topical comprehension in communicative contexts.

읽기와 쓰기

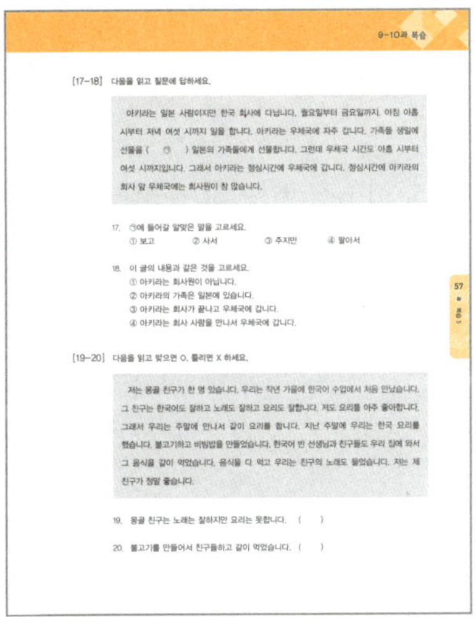

읽기

목표 어휘와 문법이 포함된 다양한 글을 읽고 문제 풀이를 통해 이해를 확인한다.

The Reading section presents varied types of texts and exercises that include target vocabulary and grammar allowing learners to check their comprehension.

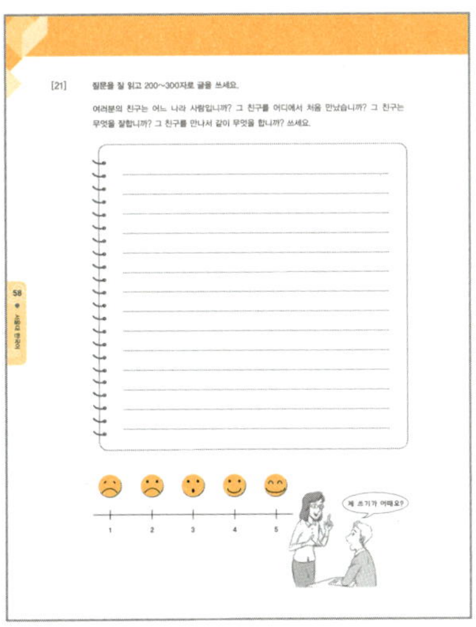

쓰기

목표 어휘와 문법을 사용한 문장 구성 능력을 향상시킬 수 있도록 한다. 또한 담화 단위의 쓰기 연습을 읽기와 연계하여 제시한다.

The Writing section offers conversational level writing tasks linked to reading that develop learners' ability to create sentences using target vocabulary and grammar.

일러두기 How to use this book

말하기

말하기 1

제시된 상황에 맞게 대화를 하거나 설명하는 연습이 이루어진다.

The Speaking 1 section provides practice at conversing and at explaining given situations.

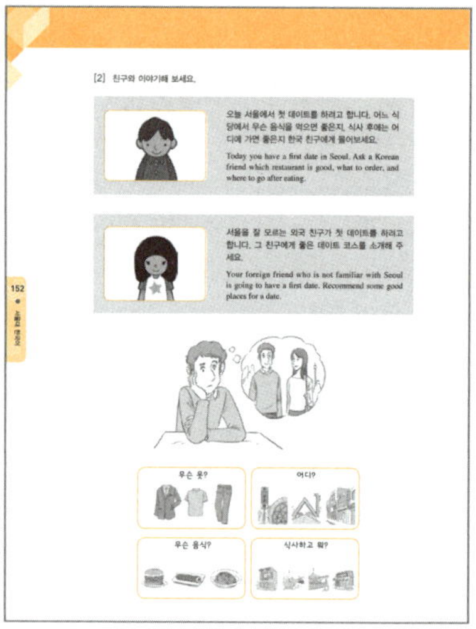

말하기 2

실제적인 대화 상황을 역할극 형식으로 제시하여 유의미한 상호작용이 이루어지도록 한다.

The Speaking 2 section offers reciprocal practice at realistic role-play scenarios and at authentic communicative situations.

• 부록 Appendix

'듣기 지문', '모범 답안'으로 구성된다.

The Appendix supplies Listening Scripts, and Answer Key.

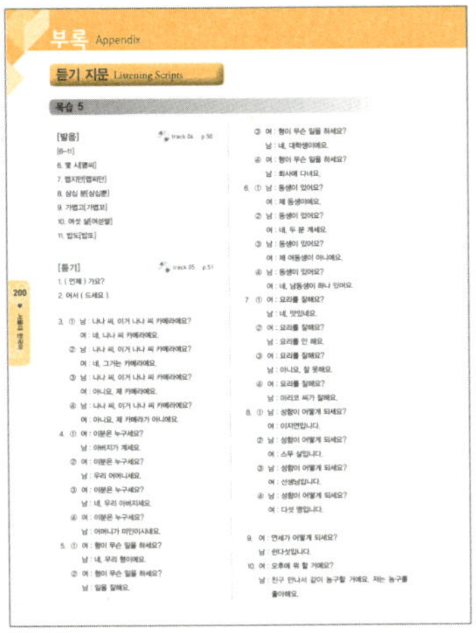

듣기 지문

한글 배우기, 복습 듣기의 지문을 제공한다.

The Listening Scripts furnish texts of the listening exercises for learning the Korean alphabet and for listening reviews.

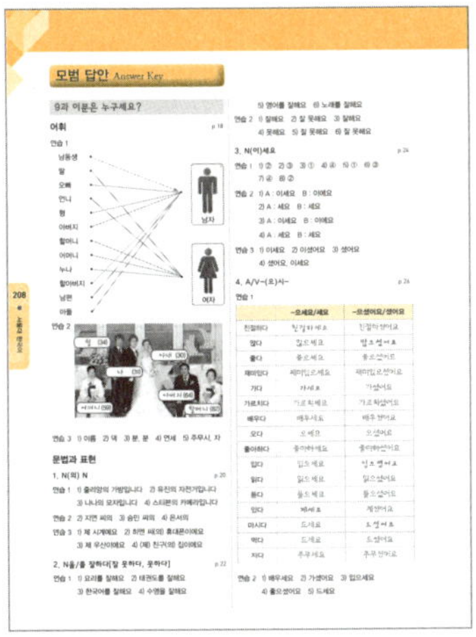

모범 답안

각 과의 '어휘, 문법과 표현, 문형 연습'의 문제, 복습의 '어휘와 문법, 발음, 듣기, 읽기와 쓰기' 문제에 대한 모범 답안을 제공한다.

Answer Key supplies correct answers for Vocabulary, Grammar and Expression, Pattern Practice in each unit; and Vocabulary and Grammar, Pronunciation, Listening, Reading and Writing in review units.

교실 용어 Classroom Talk

보세요.
Please look.

들으세요.
Please listen.

쓰세요.
Please write.

읽으세요.
Please read.

따라 하세요.
Please repeat.

쉬세요.
Please take a rest.

알아요.
I know.

몰라요.
I don't know.

좋아요.
Good!

차례 Contents

교재 구성표 Scope and Sequence

과 Unit	어휘 Vocabulary	문법과 표현 Grammar and Expression	
9 과 이분은 누구세요? Who is this person?	• 가족 Family • 숫자 3 Numbers 3 • 높임말 Honorific language	• N(의) N • N을/를 잘하다[잘 못하다, 못하다] • N(이)세요 • A/V–(으)시–	문형 연습 Pattern Practice
10 과 지금 몇 시예요? What time is it now?	• 때 The time • 동사 2 Verb 2	• 시간 • N부터 N까지 • V–아서/어서 • V–(으)ㄹ 거예요	문형 연습 Pattern Practice
복습 5			
11 과 감기에 걸렸어요 I caught a cold	• 신체 Body • 증상 Symptoms	• '–' 탈락 • V–지 마세요 • N만 • V–아야/어야 되다	문형 연습 Pattern Practice
12 과 여보세요 Hello	• 전화번호 Telephone Number • 전화 Telephone	• A/V–지요? N(이)지요? • V–고 있다 • 못 V • A/V–아서/어서	문형 연습 Pattern Practice
복습 6			

9 이분은 누구세요?

Who is this person?

어 휘

- 가족
  Family
- 숫자 3
  Numbers 3
- 높임말
  Honorific language

문법과 표현

- N(의) N
- N을/를 잘하다[잘 못하다, 못하다]
- N(이)세요
- A/V-(으)시-

문형 연습

어 휘 Vocabulary

연 습 1

알맞은 것을 연결하세요.
Match each kinship term with the correct gender.

남동생 •
딸 •
오빠 •
언니 •
형 •
아버지 •
할머니 •
어머니 •
누나 •
할아버지 •
남편 •
아들 •

연 습 2

빈칸에 알맞은 단어를 쓰세요.
Complete the labels on the wedding photo.

연 습 3 그림을 보고 [보기]와 같이 대화를 완성하세요.

Look at the pictures and complete the dialogues as shown in the example.

[보기]

A : 할머니가 무엇을 __드십니까__?

B : 김밥을 __드십니다__.

1)

A : 여동생 __________ 이/가 뭐예요?

B : 김지민이에요.

2)

A : 여기가 어디예요?

B : 우리 할머니 __________ 이에요.

3)

A : 교실에 선생님이 몇 __________ 계십니까?

B : 두 __________ 계십니다.

4)

우리 할아버지 __________ 은/는 일흔둘입니다.

5)

할머니는 소파*에서 __________ 고,

아기는 침대에서 __________ 요.

*소파 sofa

문법과 표현 Grammar and Expression

1. N(의) N

연 습 1 그림을 보고 [보기]와 같이 대화를 완성하세요.

Look at the pictures and answer each question as shown in the example.

[보기]

A : 이거는 누구의 볼펜입니까?

B : 스티븐의 볼펜입니다.

1) 

A : 이거는 누구의 가방입니까?

B : ______________________.

2) 

A : 이거는 누구의 자전거입니까?

B : ______________________.

3) 

A : 이거는 누구의 모자입니까?

B : ______________________.

4) 

A : 이거는 누구의 카메라입니까?

B : ______________________.

연 습 2 그림을 보고 쓰세요.

Look at the picture and complete the story.

1) 지연 씨의 가족사진입니다.

지연 씨는 남편하고 딸, 아들이 있습니다.

승민 씨는 2) ____________ 남편입니다.

은서는 지연 씨와 3) ____________ 딸입니다.

준서는 4) ____________ 남동생입니다.

연 습 3 그림을 보고 [보기]와 같이 대화를 완성하세요.

Look at the pictures and complete the dialogues as shown in the example.

[보기]

A : 지연 씨, 이거 지연 씨 공책이에요?

B : 네, 제 공책이에요.

아니요, 마리코 씨 공책이에요.

1)

A : 스티븐 씨, 이거 스티븐 씨 시계예요?

B : 네, ____________________.

2)

히엔

A : 나나 씨, 이거 나나 씨 휴대폰이에요?

B : 아니요, ____________________.

3)

A : 샤오밍 씨, 저거 샤오밍 씨 우산이에요?

B : 네, ____________________.

4)

친구

A : 켈리 씨, 여기가 켈리 씨 집이에요?

B : 아니요, ____________________.

2. N을/를 잘하다[잘 못하다, 못하다]

연 습 1 그림을 보고 [보기]와 같이 대화를 완성하세요.
Look at the pictures and complete the dialogues as shown in the example.

[보기]

A : 샤오밍 씨는 뭘 잘해요?

B : 농구를 잘해요.

1)

A : 마리코 씨는 뭘 잘해요?

B : ______________________.

2)

A : 민수 씨는 뭘 잘해요?

B : ______________________.

3)

A : 유진 씨는 뭘 잘해요?

B : ______________________.

4)

A : 켈리 씨는 뭘 잘해요?

B : ______________________.

5)

A : 정우 씨는 뭘 잘해요?

B : ______________________.

6)

A : 줄리앙 씨는 뭘 잘해요?

B : ______________________.

연 습 2 그림을 보고 [보기]와 같이 대화를 완성하세요.

Look at the pictures and complete the dialogues as shown in the example.

[보기]

A : 샤오밍 씨 친구도 농구 잘해요?

B : 네, 잘해요. (O)

아니요, 잘 못해요. (△)

아니요, 못해요. (X)

1)

(O)

A : 마리코 씨 남편도 요리 잘해요?

B : 네, ______________________.

2)

(△)

A : 민수 씨 친구도 태권도 잘해요?

B : 아니요, ______________________.

3)

(O)

A : 유진 씨 오빠도 한국어 잘해요?

B : 네, ______________________.

4)

(X)

A : 켈리 씨 언니도 수영 잘해요?

B : 아니요, ______________________.

5)

(△)

A : 정우 씨 누나도 영어 잘해요?

B : 아니요, ______________________.

6)

(△)

A : 줄리앙 씨 형도 노래 잘해요?

B : 아니요, ______________________.

3. N(이)세요

연 습 1 알맞은 것을 연결하세요.

Match each phrase with the appropriate ending.

1) 
스티븐 씨는 제 친구 •

2) 
이분*은 우리 선생님 •

3) 
샤오밍 씨는 학생 •

4) 
이분은 우리 어머니 •

5) 
제 동생은 열다섯 살 •

6) 
이분은 최 사장님* •

7) 
할아버지는 일흔하나 •

8) 
이 친구 이름은 김민수 •

• ① 이에요

• ② 예요

• ③ 이세요

• ④ 세요

이분 this (honorific expression) 사장님 president of a company

연습 2 그림을 보고 [보기]와 같이 대화를 완성하세요.

Look at the pictures and complete the dialogues as shown in the example.

[보기]

A : 서울대학교 학생 이세요?

B : 네, 저는 서울대학교 학생 이에요.

1)

A : 일본어 선생님____________?

B : 아니요, 저는 한국어 선생님____________.

2)

A : 이분은 누구____________?

B : 우리* 할아버지____________.

3)

A : 중국 사람____________?

B : 네, 저는 중국 사람____________.

4)

A : 이분이 어머니____________?

B : 아니요, 이분은 우리 이모*____________.

연습 3 알맞은 것을 골라 [보기]와 같이 문장을 완성하세요.

Complete the sentences using the appropriate ending.

이세요	세요	이셨어요	셨어요

[보기] 이분은 전에* 가수 셨어요. 지금은 회사원 이세요.

1) 우리 아버지는 지금 영어 선생님____________.

2) 민수 씨 할아버지는 전에 군인____________.

3) 우리 할머니는 전에 기자____________.

4) 이분은 전에 의사____________. 지금은 컴퓨터 회사 사장님____________.

우리 my 이모 aunt, mother's sister 전에 in the past

4. A/V-(으)시-

연 습 1 다음과 같이 쓰세요.
Complete the table with the correct forms of the words.

	-으세요/세요	-으셨어요/셨어요
친절하다	친절하세요	
많다		많으셨어요
좋다		
재미있다		
가다	가세요	
가르치다		
배우다		
오다		
좋아하다		
입다		입으셨어요
읽다		
듣다		
있다	계세요	
마시다		드셨어요
먹다		
자다		

연 습 2 [보기]와 같이 문장을 완성하세요.

Complete the sentences with the correct form of the verb in parentheses.

[보기] 아버지는 지금 신문을 ___읽으세요___. (읽다)

1) 우리 아버지는 요즘 영어를 ______________. (배우다)

2) 어머니는 지난 주말에 일본 여행을 ______________. (가다)

3) 우리 할아버지는 매일 한복*을 ______________. (입다)

4) 김 선생님은 어제 기분*이 아주 ______________. (좋다)

5) 선생님, 지금 무슨 차를 ______________? (마시다)

연 습 3 그림을 보고 [보기]와 같이 대화를 완성하세요.

Look at the pictures and complete the dialogues as shown in the example.

[보기]

A : 어머니는 무슨 일을 ___하세요___?

B : 서울대학교에서 한국어를 ___가르치세요___.

1)

A : 아버지는 무슨 운동을 좋아하______________?

B : 우리 아버지는 축구를 ______________.

2)

A : 할아버지는 지금 뭐 ______________?

B : 지금 ______________.

3)

A : 할머니는 어제 뭐 ______________?

B : 댁에서 음악을 ______________.

4)

A : 선생님, 어제 어디에서 점심을 ______________?

B : 저는 서울식당에서 ______________.

한복 Korean traditional dress 기분 feeling

문형 연습 Pattern Practice

track 02

연 습 1

[보기] **선생님** (T) 이거는 누구 우산이에요?
학 생 (S) (아키라 씨) 아키라 씨의 우산이에요.

1. T 저거는 누구 휴대폰이에요?
   S (나나 씨) ______________________.
2. T 그거는 누구 공책이에요?
   S (스티븐 씨) ______________________.
3. T 이거는 누구 자전거예요?
   S (오빠) ______________________.
4. T 저거는 누구 가방이에요?
   S (선생님) ______________________.

연 습 2

[보기] **선생님** (T) 영어를 잘해요?
학 생 (S) (네) 네, 영어 잘해요.
(아니요) 아니요, 영어 잘 못해요.

1. T 노래를 잘해요?
   S (네) ______________________.
2. T 수영을 잘해요?
   S (아니요) ______________________.
3. T 운전을 잘해요?
   S (네) ______________________.
4. T 축구를 잘해요?
   S (아니요) ______________________.

연 습 3

[보기] **선생님** (T) 이분은 누구세요?
학 생 (S) (아버지) 우리 아버지세요.

1. T 이분은 누구세요?
   S (어머니) ______________________________.
2. T 이분은 누구세요?
   S (선생님) ______________________________.
3. T 이분은 누구세요?
   S (할머니) ______________________________.
4. T 이분은 누구세요?
   S (사장님) ______________________________.

연 습 4

[보기] **선생님** (T) 샤오밍은 집에서 쉬어요.
학 생 (S) (선생님) 선생님은 댁에서 쉬세요.

1. T 샤오밍은 집에 가요.
   S (선생님) ______________________________.
2. T 샤오밍은 집에서 책을 읽어요.
   S (선생님) ______________________________.
3. T 샤오밍은 어제 영화를 봤어요.
   S (선생님) ______________________________.
4. T 샤오밍은 어제 불고기를 먹었어요.
   S (선생님) ______________________________.

10 지금 몇 시예요?

What time is it now?

어 휘

- 때
  The time
- 동사 2
  Verb 2

문법과 표현

- 시간
- N부터 N까지
- V-아서/어서
- V-(으)ㄹ 거예요

문형 연습

어 휘 Vocabulary

연 습 1

알맞은 것을 연결하세요.
Match each word with the corresponding picture.

1) 

2) 

3) 

4) 

① 아침 ② 낮 ③ 저녁 ④ 밤

연 습 2

그림을 보고 [보기]와 같이 이야기해 보세요.
Look at the pictures and ask each other questions and respond as shown in the example.

[보기]

언제 커피를 마셔요?

아침에 커피를 마셔요.

1) 

2) 

3) 

연 습 3 그림을 보고 [보기]와 같이 대화를 완성하세요.

Look at the pictures and complete the dialogues as shown in the example.

[보기]

A : 지금 뭐 해요?

B : 청소해요.

1)

A : 지금 뭐 해요?

B : ______________________.

2)

A : 지금 뭐 해요?

B : ______________________.

3)

A : 오늘 오후에 뭐 해요?

B : ______________________.

4)

A : 어제 저녁에 뭐 했어요?

B : ______________________.

5)

A : 지난 주말에 뭐 했어요?

B : ______________________.

문법과 표현 Grammar and Expression

1. 시간

연 습 1 그림을 보고 [보기]와 같이 이야기해 보세요.
Look at the pictures and ask each other questions and respond as shown in the example.

[보기]

지금 몇 시예요?

한 시예요.

1) 

2) 

3) 

4) 

5) 

6) ?

연 습 2 친구의 고향 시간을 듣고 쓰세요.
Ask the current time of your classmates's home country and fill in the table.

한국은 지금
오전 열 시예요.
호주는 지금
몇 시예요?

호주는 지금
열한 시예요.

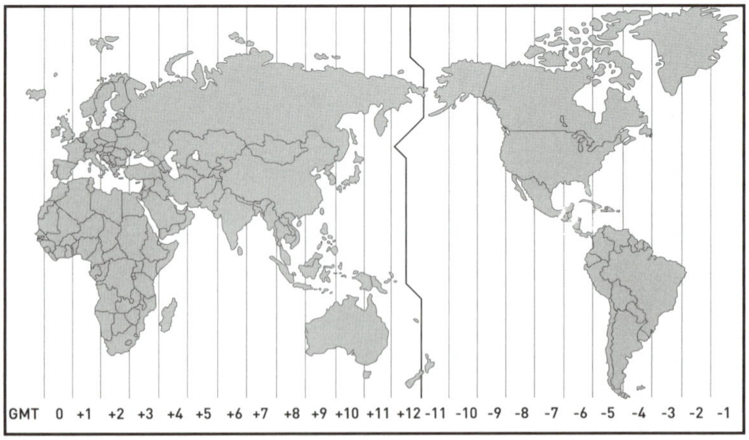

한국							
:	:	:	:	:	:	:	:

연습 3 그림을 보고 이야기해 보세요.

Look at the pictures and ask each other questions and respond using the picture.

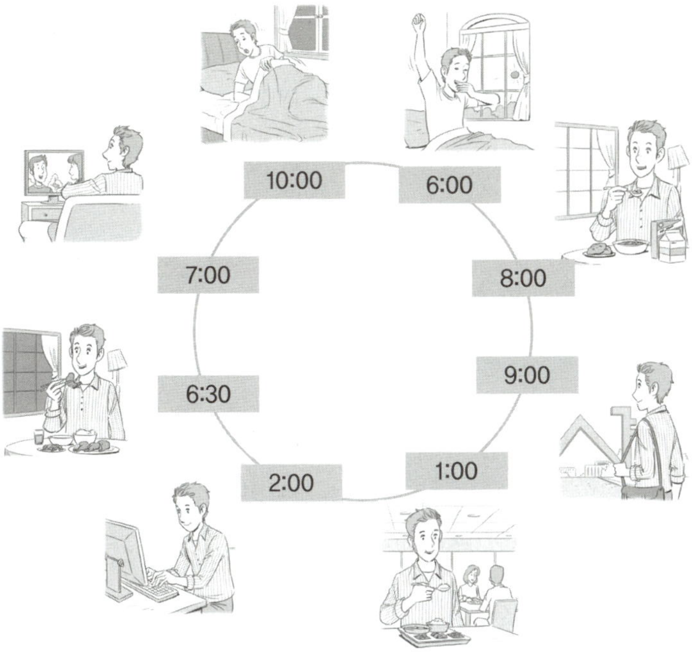

1) 어제 몇 시에 일어났어요?
2) 어제 몇 시에 학교에 왔어요?
3) 어제 몇 시에 아침* / 점심 / 저녁*을 먹었어요?
4) 어제 몇 시에 컴퓨터를 했어요?
5) 어제 몇 시에 텔레비전을 봤어요?
6) 어제 몇 시에 잤어요?
7) 어제 ______________________________?

연습 4 '쯤'을 사용해서 이야기해 보세요.

Ask each other questions and respond using '쯤'.

1) 한국 친구가 몇 명쯤 있어요?
2) 집에 책이 몇 권쯤 있어요?
3) 지갑에 돈이 얼마쯤 있어요?
4) 냉장고에 뭐가 있어요? 몇 개쯤 있어요?
5) ______________________이/가 몇 개쯤 있어요?

아침 breakfast 저녁 dinner

2. N부터 N까지

연 습 1 그림을 보고 [보기]와 같이 문장을 완성하세요.
Look at the pictures and complete the sentences as shown in the example.

[보기]

3:00 ~ 5:00

스티븐은 세 시부터 다섯 시까지 영어를 가르쳤어요.

1)

8:00 ~ 9:30

샤오밍은 ______________________
농구를 했어요.

2)

우리는 ______________________
쉬어요.

3)

금요일 ~ 일요일

나나는 ______________________
아르바이트를 해요.

4)

월요일 ~ 금요일

민수는 ______________________
______________________.

5)

8월 16일 ~ 8월 19일

아키라는 ______________________
______________________.

6)

12월 23일 ~ 12월 25일

그 가수는 ______________________
______________________.

연 습 2 그림을 보고 [보기]와 같이 대화를 완성하세요.

Look at the pictures and complete the dialogues as shown in the example.

[보기]

A : 세일*이 언제부터예요?

B : 12월 11일부터 12월 24일까지예요.

1)

A : 회의가 몇 시부터예요?

B : ______________________.

2)

A : 시험이 언제부터예요?

B : ______________________.

3)

A : 방학이 언제부터예요?

B : ______________________.

4)

A : 점심시간이 몇 시부터예요?

B : ______________________.

5)

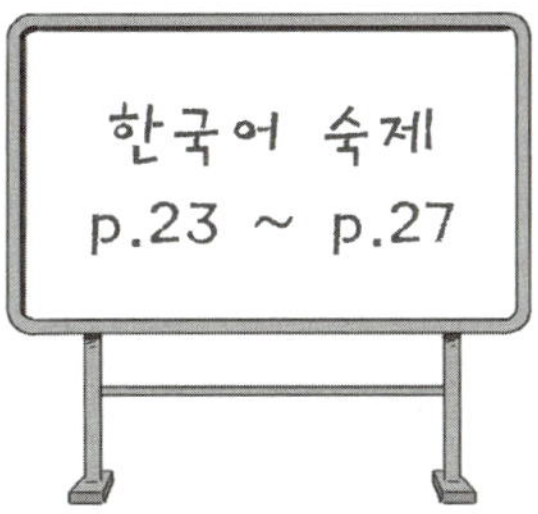

A : 숙제가 어디부터예요?

B : ______________________.

세일 sale

3. V-아서/어서

연 습 1 다음과 같이 쓰세요.

Complete the table with the correct form of each verb.

	-아서/어서
가다	가서
만나다	
사다	
오다	
요리하다	
그리다*	
만들다	

연 습 2 알맞은 것을 골라 문장을 완성하세요.

Complete the sentences using the appropriate grammar from the box.

-고	-아서/어서

1) 저는 어제 영화를 ____________ 태권도를 배웠어요.
(보다)

2) 주말에 극장에 ____________ 영화를 봤어요.
(가다)

3) 어제 숙제를 ____________ 텔레비전을 봤어요.
(하다)

4) 스티븐은 아침을 ____________ 학교에 와요.
(먹다)

5) 나나는 주말에 백화점에 ____________ 구두를 샀어요.
(가다)

6) 저는 김밥을 ____________ 친구하고 같이 먹었어요.
(사다)

7) 줄리앙은 매일 ____________ 자요.
(샤워하다)

8) 우리 내일 ____________ 같이 시내에 갈까요?
(만나다)

그리다 to draw

연 습 3 그림을 보고 [보기]와 같이 대화를 완성하세요.

Look at the pictures and complete the dialogues as shown in the example.

[보기]

A : 어제 뭐 했어요?

B : 시장에 가서 사과를 샀어요.

1)

A : 어제 뭐 했어요?

B : ______________________________.

2)

A : 어제 저녁에 뭐 했어요?

B : ______________________________.

3)

A : 어제 세 시쯤에 뭐 했어요?

B : ______________________________.

4)

A : 오늘 아침에 뭐 했어요?

B : ______________________________.

5)

A : 어제 밥을 사서 먹었어요?

B : 아니요, ______________________.

연 습 4 친구와 이야기해 보세요.

Interview your classmates.

질문	친구 1	친구 2
아침에 일어나서 뭐 해요?		
어제 집에 가서 뭐 했어요?		

4. V-(으)ㄹ 거예요

연 습 1 다음과 같이 쓰세요.

Complete the table with the correct form of each verb.

	-았어요/었어요	-아요/어요	-을/ㄹ 거예요
가다	갔어요	가요	갈 거예요
자다			
보다			
오다			
요리하다			
회의하다			
마시다			
먹다			
앉다			
읽다			
걷다			
듣다			

연 습 2 [보기]와 같이 문장을 완성하세요.

Complete the sentences as shown in the example.

[보기] 어제 친구를 만났어요. 내일도 친구를 만날 거예요.

1) 어제 시장에 갔어요. 내일도 시장에 ______________________.

2) 어제 12시에 잤어요. 오늘은 10시에 ______________________.

3) 어제 청소를 안 했어요. 그래서 내일은 ______________________.

4) 어제는 집에서 저녁을 먹었어요. 내일은 식당에 가서 ______________________.

5) 오늘은 나나 씨 옆에 앉았어요. 내일은 히엔 씨 옆에 ______________________.

연 습 3 그림을 보고 [보기]와 같이 대화를 완성하세요.

Look at the pictures and complete the dialogues as shown in the example.

[보기]

A : 내일 뭐 할 거예요?

B : 친구를 만날 거예요.

1)

A : 내일 뭐 할 거예요?

B : ______________________.

2)

A : 내일 뭐 할 거예요?

B : ______________________.

3)

A : 방학에 뭐 할 거예요?

B : ______________________.

4)

A : 오늘 오후에 뭐 할 거예요?

B : ______________________.

5)

A : 오늘 저녁에 뭐 할 거예요?

B : ______________________.

6) ?

A : 내일 뭐 할 거예요?

B : ______________________.

문형 연습 Pattern Practice

track 03

연 습 1

[보기]　**선생님** (T)　몇 시에 일어나요?
　　　　학　생 (S)　(6시) 여섯 시에 일어나요.

1. T　몇 시에 아침을 먹어요?
   S　(7시 30분) ____________________.
2. T　몇 시에 학교에 와요?
   S　(8시 40분) ____________________.
3. T　몇 시에 김 선생님을 만났어요?
   S　(3시 반) ____________________.
4. T　어제 몇 시에 잤어요?
   S　(12시쯤) ____________________.

연 습 2

[보기]　**선생님** (T)　몇 시부터 한국어 수업을 해요?
　　　　학　생 (S)　(9시, 1시) 아홉 시부터 한 시까지 해요.

1. T　몇 시부터 회의를 해요?
   S　(2시, 5시) ____________________.
2. T　몇 시부터 시험을 봐요?
   S　(10시, 12시) ____________________.
3. T　언제 수업이 있어요?
   S　(월요일, 금요일) ____________________.
4. T　언제까지 한국에 있을 거예요?
   S　(6월 6일, 8월 31일) ____________________.

연 습 3

[보기] **선생님** (T) 친구를 만나다, 같이 영화를 보다
학 생 (S) 친구를 만나서 같이 영화를 봤어요.

1. T 백화점에 가다, 옷을 사다

   S ____.

2. T 한국어 책을 사다, 혼자 공부하다

   S ____.

3. T 한국에 오다, 태권도를 배우다

   S ____.

4. T 고향 음식을 만들다, 친구하고 같이 먹다

   S ____.

연 습 4

[보기] **선생님** (T) 오후에 뭐 할 거예요?
학 생 (S) (영화를 보다) 영화를 볼 거예요.

1. T 내일 뭐 할 거예요?

   S (한국어 공부를 하다) ____________________________.

2. T 이번 주말에 뭐 할 거예요?

   S (집에서 쉬다) ________________________________.

3. T 금요일에 뭐 할 거예요?

   S (식당에 가서 불고기를 먹다) ______________________.

4. T 오늘 저녁에 뭐 할 거예요?

   S (집에서 음악을 듣다) ____________________________.

복습 5

어휘와 문법 Vocabulary and Grammar

1. 정리하기

어휘

9과	가족 할머니 할아버지 어머니 아버지 누나 형 언니 오빠 여동생 남동생	아내 남편 딸 아들	살 열 스물 서른 마흔 쉰 예순 일흔 여든 아흔 백	나이 – 연세 먹다 – 드시다 마시다 – 드시다 사람 / 명 – 분 이름 – 성함 있다 – 계시다 자다 – 주무시다 집 – 댁
10과	새벽 아침 낮 저녁 밤 오전 오후	버스를 기다리다 버스를 타다 빨래하다 샤워하다 세수하다 요리하다 운전하다	일어나다 전화하다 청소하다 컴퓨터를 하다 회의하다	

문법

9과	N(의) N	누구(**의**) 가방이에요? – 히엔(**의**) 가방이에요. 저 사람은 누구예요? – **내** 친구예요.
	N을/를 잘하다 [잘 못하다, 못하다]	마리코 씨는 요리를 **잘해요**. 저는 수학을 **잘 못했어요**.
	N(이)세요	이분은 우리 어머니**세요**. 아버지는 회사원**이세요**.
	A/V–(으)시–	김 선생님은 친절하**세요**. 어머니는 어제 비빔밥을 드**셨**어요.
10과	시간	지금 몇 **시**예요? – 두 **시**예요. 열 **시** 삼십 **분**이에요. (= 열 **시 반**이에요.) 나나 씨는 여섯 **시쯤**(에) 일어났어요.
	N부터 N까지	몇 시**까지** 일해요? – 오후 여섯 시**까지** 일해요. 월요일**부터** 금요일**까지** 한국어를 배워요.
	V–아서/어서	친구를 만나**서** 같이 쇼핑을 했어요. 케이크를 만들**어서** 친구에게 줬어요.
	V–(으)ㄹ 거예요	저는 이번 방학에 부산 여행을 할 **거예요**. 토요일에 뭐 할 **거예요**? – 집에서 책을 읽**을 거예요**.

2. 확인하기

알아보기

AM 6:00

아버지는 매일 여섯 시에
일어나**세요**.
어제도 여섯 시에
일어나**셨어요**.

아버지는 매일 신문을
읽**으세요**.
어제도 신문을 읽**으셨어요**.

PM 7:00

아버지는 매일 일곱 시에
저녁을 **드세요**.
어제도 일곱 시에 저녁을
드셨어요.

아버지는 매일 한국어를
가르치**십니다**.
어제도 한국어를
가르치**셨습니다**.

아버지는 매일 사진을
찍**으십니다**.
어제도 사진을 찍**으셨습니다**.

PM 11:00

아버지는 매일 열한 시에
주무십니다.
어제도 열한 시에
주무셨습니다.

연습 알맞게 고쳐 쓰세요.

이분은 우리 할머니세요.
우리 할머니는…….

이분은 우리 할머니십니다.
우리 할머니는…….

1. 컴퓨터 교실에 다니세요. → 컴퓨터 교실에 다니십니다.
2. 매일 걸어서 컴퓨터 교실에 가세요. → 매일 걸어서 컴퓨터 교실에 __________.
3. 거기에서 친구들을 만나세요. → 거기에서 친구들을 __________.
4. 공부를 하고 친구분하고 점심을 드세요. → 공부를 하고 친구분과 점심을 __________.
5. 그리고 집에 와서 신문을 읽으세요. → 그리고 집에 와서 신문을 __________.
6. 할머니는 일찍 일어나세요. → 할머니는 일찍 __________.
7. 지난 주말에도 6시에 일어나셨어요. → 지난 주말에도 6시에 __________.
8. 그리고 공원에 가서 걸으셨어요. → 그리고 공원에 가서 __________.
9. 오후에는 백화점에 가셨어요. → 오후에는 백화점에 __________.
10. 백화점에서 가방을 사셨어요. → 백화점에서 가방을 __________.

3. 평가하기

제한 시간 15분　　내 점수 :　　　/ 20

[1–5]　그림을 보고 (　　　)에 알맞은 것을 고르세요.

1. A : 지금 뭐 해요?
   B : (　　　　　　).

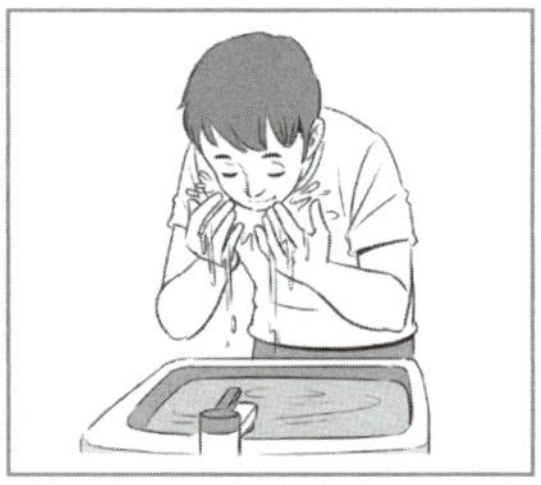

① 빨래해요
② 세수해요
③ 일어나요
④ 청소해요

2. A : 지금 (　　　　　　)이에요/예요?
   B : 두 시 반이에요.

① 며칠
② 몇 시
③ 몇 층
④ 무슨 요일

3. A : 어제 뭐 했어요?
   B : (　　　　　　)을/를 했어요.

① 샤워
② 요리
③ 운전
④ 회의

4. A : (　　　　　　)이/가 어떻게 되세요?
   B : 쉰여덟이세요.

① 댁
② 분
③ 성함
④ 연세

5. A : 가족사진이에요?
B : 네, 부모님과 나, 그리고 우리 (   )이에요/예요.

① 형
② 누나
③ 언니
④ 오빠

[6-9] (   )에 알맞은 것을 고르세요.

6. A : 방이 아주 깨끗하네요.
B : 네, 어제 (   ).
① 샤워했어요 ② 숙제했어요 ③ 운전했어요 ④ 청소했어요

7. A : 김 선생님, 아침 (   )?
B : 네, 먹었어요.
① 계셨어요 ② 드셨어요 ③ 사셨어요 ④ 주무셨어요

8. A : (   )은 한국에 계세요?
B : 아니요, 아버지는 호주에 계시고 어머니는 한국에 계세요.
① 동생 ② 부모님 ③ 사장님 ④ 선생님

9. A : 내일 열한 시 반에 만날까요?
B : 네, (   )에 학교 앞에서 만나요.
① 1시 ② 1시 30분 ③ 11시 ④ 11시 30분

[10-12] (   )에 알맞은 것을 고르세요.

10. 이거는 줄리앙(   ) 휴대폰이에요.
① 도 ② 을 ③ 의 ④ 이

11. 어제(   ) 오늘까지 비가 와요.
① 와 ② 부터 ③ 에서 ④ 지만

12. 오늘 7시(   )에 일어났어요.
① 의 ② 쯤 ③ 까지 ④ 부터

[13–16] (   )에 알맞은 것을 고르세요.

13. A : 나나 씨, 컴퓨터를 잘해요?
    B : 아니요, (   ).

    ① 컴퓨터가 비싸요　　② 컴퓨터가 있어요
    ③ 컴퓨터를 샀어요　　④ 컴퓨터를 잘 못해요

14. A : 주말에 뭐 할 거예요?
    B : (   ).

    ① 빨래입니다　　② 빨래하세요
    ③ 빨래했어요　　④ 빨래할 거예요

15. A : 선생님은 학교에 계세요?
    B : 아니요, 지금 학교에 안 계세요. 댁에 (   ).

    ① 가요　　② 가셨어요
    ③ 갈 거예요　　④ 가실 거예요

16. A : 어제 명동에서 뭐 했어요?
    B : 명동에 (   ) 쇼핑했어요.

    ① 가고　　② 가서　　③ 갔고　　④ 갔지만

[17–18] 다음을 읽고 질문에 답하세요.

> A : 스티븐 씨, 이거 (㉠   )의 가방이에요?
> B : 아키라 씨 가방이에요.
> A : 아키라 씨는 어디에 갔어요?
> B : 화장실에 갔어요.
> A : 아, 지금 아키라 씨 기다려요?
> B : 네, 같이 점심 (㉡   ).

17. ㉠에 알맞은 것을 고르세요.
    ① 누구　　② 무슨　　③ 어디　　④ 언제

18. ㉡에 알맞은 것을 고르세요.
    ① 갈까요　　② 만났어요　　③ 먹을 거예요　　④ 기다리셨어요

[19-20] **다음을 읽고 질문에 답하세요.**

A : 이분은 히엔 씨 아버지세요?
B : 아니요, 베트남 회사 사장님이세요.
A : 어? 베트남에서 회사에 (㉠   )?
B : 네, 컴퓨터 회사에서 일했어요.
A : 사장님은 좋으셨어요?
B : 네, 아주 (㉡   ).

19. ㉠에 알맞은 것을 고르세요.
① 갔어요   ② 왔어요   ③ 다녔어요   ④ 배웠어요.

20. ㉡에 알맞은 것을 고르세요.
① 복잡하셨어요   ② 심심하셨어요   ③ 어려우셨어요   ④ 친절하셨어요

발음 Pronunciation

1. 정리하기

1. '의'의 발음에 주의하세요.
   Pay attention to the pronunciation of '의'.

   예] **의**사[의사] / 회**의**[회이] / 정우**의** 가방[정우에가방]

2. 받침소리 [ㄷ, ㅂ] 뒤에 오는 'ㄱ, ㄷ, ㅂ, ㅅ, ㅈ'은 [ㄲ, ㄸ, ㅃ, ㅆ, ㅉ]으로 발음됩니다.
   After the final consonant sounds [ㄷ, ㅂ], the initial consonants 'ㄱ, ㄷ, ㅂ, ㅅ, ㅈ' are pronounced as [ㄲ, ㄸ, ㅃ, ㅆ, ㅉ].

   예] 몇 **시**[멷씨] / 몇 **잔**[멷짠] / 밥**도**[밥또] / 삼십 **분**[삼십뿐] / 일곱 **시**[일곱씨]

2. 평가하기

[1–5] '의'의 소리로 맞는 것에 √ 하세요.

	[의]	[이]	[에]
1. 저는 의사예요			
2. 어머니의 사랑			
3. 회의를 해요			
4. 형의 친구			
5. 의자가 무거워요			

[6–11] 잘 듣고 들은 발음과 같은 발음에 √ 하세요. track 04

	①	②	③
6	한 시	세 시	다섯 시
7	오지만	갔지만	좋지만
8	십 분	십오 분	십칠 분
9	보고	많고	덥고
10	일곱 살	열네 살	서른 살
11	책상도	커피숍도	서점도

듣기 Listening

track 05 내 점수 : / 20

[1-2] 잘 듣고 알맞은 것을 고르세요.

1. ( ) 가요?

① 아주 ② 어제 ③ 언제 ④ 오전

2. 어서 ( ).

① 계세요 ② 되세요 ③ 드세요 ④ 주세요

[3-8] 잘 듣고 알맞은 대답을 고르세요.

3. ① ② ③ ④

4. ① ② ③ ④

5. ① ② ③ ④

6. ① ② ③ ④

7. ① ② ③ ④

8. ① ② ③ ④

[9–11] 무엇에 대해 이야기합니까? 잘 듣고 알맞은 것을 고르세요.

9. ① 가족 ② 나이 ③ 날짜 ④ 이름

10. ① 공부 ② 직업 ③ 취미 ④ 회의

11. ① 고향 ② 나라 ③ 시험 ④ 회사

[12–14] 다음 대화를 듣고 알맞은 그림을 고르세요.

12.

①

②

③

④

13.

①

②

③

④

14.

①

②

③

④

[15-18] 잘 듣고 대화 내용과 같은 것을 고르세요.

15. ① 여자는 한국어를 잘해요.
② 여자는 영어를 안 배웠어요.
③ 여자는 일본어를 잘해요.
④ 여자는 중국어를 못해요.

16. ① 남자는 여자의 동생이에요.
② 여자는 케이크를 잘 만들어요.
③ 여자의 동생은 요리를 좋아해요.
④ 여자의 동생은 지금 빵 가게에서 일해요.

17. ① 남자는 오늘 커피숍에 안 갈 거예요.
② 남자는 여자의 집에 가서 공부할 거예요.
③ 남자의 시험은 내일 12시에 끝날 거예요.
④ 남자와 여자는 내일 커피숍에서 만날 거예요.

18. ① 병원은 수요일에 6시 반까지 합니다.
② 병원은 토요일 오후 3시에는 안 합니다.
③ 병원은 일요일에는 10시부터 합니다.
④ 병원은 월요일부터 일요일까지 합니다.

[19-20] 잘 듣고 질문에 답하세요.

19. ① 네 명 ② 다섯 명 ③ 여섯 명 ④ 일곱 명

20. ① 여자는 7시에 혼자 아침을 먹습니다.
② 여자의 아버지는 6시까지 회사에 가십니다.
③ 여자의 어머니는 선생님이셨습니다.
④ 여자의 오빠는 여행사에 다닙니다.

읽기와 쓰기 Reading and Writing

제한 시간 25분 내 점수 : / 20

[1–2] 다음을 읽고 관계있는 것을 고르세요.

1. 저녁

①

②

③

④

2. 저는 오빠가 한 명 있어요.

①

②

③

④

[3–5] (　　　　)에 들어갈 가장 알맞은 말을 고르세요.

3. 내일 친구 집에 갑니다. 그리고 주말에는 선생님 (　　　　)에 갑니다.

① 댁　② 분　③ 성함　④ 연세

4. 동생은 커피를 마시고 부모님은 녹차를 (　　　　).

① 계세요　② 드세요　③ 마시세요　④ 주무세요

5. 저는 내일부터 아침 운동을 할 거예요. 그래서 새벽 다섯 시에 (　　　　).

① 기다릴 거예요　② 일어날 거예요　③ 청소할 거예요　④ 회의할 거예요

[6-7] 무엇에 대한 이야기입니까? 알맞은 것을 고르세요.

6. 우리 가족은 모두 네 명이에요. 아버지는 컴퓨터 회사에서 일하시고 어머니는 대사관에서 일하세요. 제 동생은 대학생이에요. 저는 부모님과 동생을 사랑해요.

① 가족　② 신문　③ 학교　④ 회사

7. 어제 한국어 시험을 봤습니다. 시험 시간은 아홉 시 반부터 한 시까지였습니다. 지난 주말에 열심히 공부했지만 시험은 좀 어려웠습니다.

① 공부　② 시간　③ 시험　④ 한국

[8-9] 다음을 읽고 맞지 않는 것을 고르세요.

8. 저는 축구를 잘 못하지만 축구를 좋아합니다. 요즘은 주말에 친구들과 축구장에 가서 축구 구경을 합니다. 축구장은 사람도 많고 아주 재미있습니다. 저는 이번 주말에도 축구장에 갈 것입니다.

① 이 사람은 축구를 잘 못합니다.
② 이 사람은 요즘 축구장에서 축구를 봅니다.
③ 이 사람은 친구들하고 같이 축구를 합니다.
④ 이 사람은 이번 주말에 축구 구경을 할 것입니다.

9. 이것은 제 카메라입니다. 지난 생일에 어머니가 이 카메라를 사서 주셨습니다. 주말에 저는 여기저기 여행을 많이 갑니다. 거기에서 사진을 찍어서 우리 가족들과 함께 봅니다. 부모님은 그 사진을 보고 아주 좋아하십니다. 그래서 저는 제 카메라를 아주 좋아합니다.

① 이 사람은 생일에 카메라를 샀습니다.　② 이 사람은 주말에 여행을 많이 합니다.
③ 이 사람은 여행을 가서 사진을 찍습니다.　④ 이 사람은 부모님과 함께 사진을 봅니다.

[10-11] [보기]와 같이 순서에 맞게 문장을 만드세요.

[보기] 아닙니다, 학생, 나는, 이 → 나는 학생이 아닙니다.

10. 어제, 세 시, 했어요, 까지, 여섯 시, 부터, 회의를

→ ______________________.

11. 이번, 만날 거예요, 가서, 고향에, 친구들을, 방학에는

→ ______________________.

[12–14] 그림을 보고 알맞은 말을 쓰세요.

12.

A : 지금 몇 시예요?

B : ______________________________.

13.

A : ______________________________.

B : 안녕하세요, 마이클 씨?
만나서 반가워요.

14.

A : 이번 주말에 뭐 할 거예요?

B : ______________________________.

[15–16] 알맞은 것을 골라 [보기]와 같이 두 문장을 한 문장으로 만드세요.

–고	–아서/어서

[보기] 책을 읽습니다. 숙제를 합니다 → 책을 읽고 숙제를 합니다.

15. 일곱 시쯤에 저녁을 먹어요. 여덟 시부터 운동을 해요.

→ ____.

16. 지난 주말에 대학로에 갔어요. 대학로에서 연극을 봤어요.

→ ____.

[17-18] **다음을 읽고 질문에 답하세요.**

아키라는 일본 사람이지만 한국 회사에 다닙니다. 월요일부터 금요일까지, 아침 아홉 시부터 저녁 여섯 시까지 일을 합니다. 아키라는 우체국에 자주 갑니다. 가족들 생일에 선물을 (㉠) 일본의 가족들에게 선물합니다. 그런데 우체국 시간도 아홉 시부터 여섯 시까지입니다. 그래서 아키라는 점심시간에 우체국에 갑니다. 점심시간에 아키라의 회사 앞 우체국에는 회사원이 참 많습니다.

17. ㉠에 들어갈 알맞은 말을 고르세요.
① 보고 ② 사서 ③ 주지만 ④ 팔아서

18. 이 글의 내용과 같은 것을 고르세요.
① 아키라는 회사원이 아닙니다.
② 아키라의 가족은 일본에 있습니다.
③ 아키라는 회사가 끝나고 우체국에 갑니다.
④ 아키라는 회사 사람을 만나서 우체국에 갑니다.

[19-20] **다음을 읽고 맞으면 O, 틀리면 X 하세요.**

저는 몽골 친구가 한 명 있습니다. 우리는 작년 가을에 한국어 수업에서 처음 만났습니다. 그 친구는 한국어도 잘하고 노래도 잘하고 요리도 잘합니다. 저도 요리를 아주 좋아합니다. 그래서 우리는 주말에 만나서 같이 요리를 합니다. 지난 주말에 우리는 한국 요리를 했습니다. 불고기하고 비빔밥을 만들었습니다. 한국어 반 선생님과 친구들도 우리 집에 와서 그 음식을 같이 먹었습니다. 음식을 다 먹고 우리는 친구의 노래도 들었습니다. 저는 제 친구가 정말 좋습니다.

19. 몽골 친구는 노래는 잘하지만 요리는 못합니다. ( )

20. 불고기를 만들어서 친구들하고 같이 먹었습니다. ( )

[21] **질문을 잘 읽고 200~300자로 글을 쓰세요.**

여러분의 친구는 어느 나라 사람입니까? 그 친구를 어디에서 처음 만났습니까? 그 친구는 무엇을 잘합니까? 그 친구를 만나서 같이 무엇을 합니까? 쓰세요.

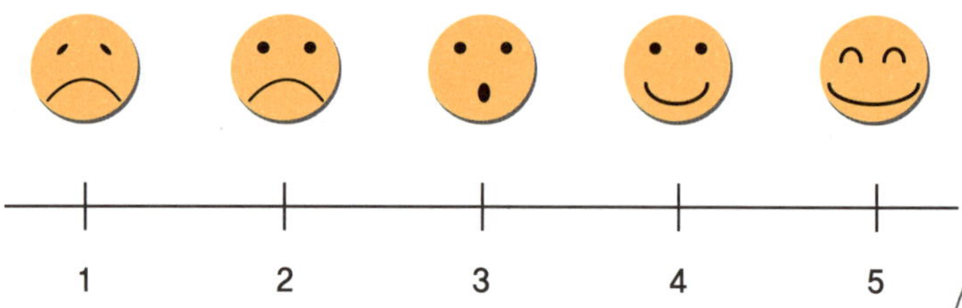

말하기 Speaking

[1] 그림을 보고 이야기를 만들어 보세요.

[2] 친구와 이야기해 보세요.

친구의 생일 파티에서 한국 친구를 만났습니다. 자기 소개를 하고 서로의 호칭(형, 누나, 오빠, 언니, ○○ 씨)을 정해 보세요.

You meet a Korean person at your friend's birthday party. Introduce yourself and decide what to call each other using relational designations such as 형, 누나, 오빠, 언니, 씨.

친구의 생일 파티에서 외국 친구를 만났습니다. 자기 소개를 하고 서로의 호칭(형, 누나, 오빠, 언니, ○○ 씨)을 정해 보세요.

You meet a person from a foreign country at your friend's birthday party. Introduce yourself and decide what to call each other using relational designations such as 형, 누나, 오빠, 언니, 씨.

이름 | 국적 | 직업 | 취미 | 가족 | 나이

Memo

11 감기에 걸렸어요

I caught a cold

어 휘

- 신체
  Body
- 증상
  Symptoms

문법과 표현

- 'ㅡ' 탈락
- V-지 마세요
- N만
- V-아야/어야 되다

문형 연습

어 휘 Vocabulary

연 습 1 그림을 보고 빈칸에 알맞은 단어를 쓰세요.
Complete the body-part words.

연 습 2 알맞은 것을 연결하세요.

Match each picture with the correct word.

1) 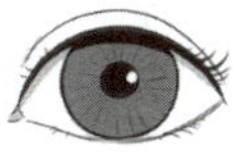
2) 
3) 
4) 
5) 

① 입 ② 코 ③ 눈 ④ 귀 ⑤ 목

연 습 3 알맞은 것을 연결하세요.

Draw a line to make a sentence for each picture, as shown below.

1) 
2) 
3) 
4) 

목	기침	열	콧물

을/를	이/가

하다	아프다	나다	있다

문법과 표현 Grammar and Expression

1. 'ㅡ' 탈락

연 습 1 다음과 같이 쓰세요.

Complete the table with the correct forms of each word.

	–아요/어요	–았어요/었어요	–습니다/ㅂ니다	–고
나쁘다*	나빠요	나빴어요	나쁩니다	나쁘고
바쁘다				
배고프다				
아프다				
예쁘다				
쓰다				
끄다				

연 습 2 [보기]와 같이 문장을 완성하세요.

Complete the sentences with the correct form of the word in parentheses.

[보기] 오늘 저녁에 ___바빠요___? 같이 저녁 먹어요.
(바쁘다 + –아요/어요)

1) ____________? 지금 밥 먹을까요?
(배고프다 + –아요/어요)

2) 기침을 많이 하고 목도 ____________.
(아프다 + –아요/어요)

3) 나나 씨도 ____________ 나나 씨 동생도 ____________.
(예쁘다 + –고) (예쁘다 + –아요/어요)

4) 컴퓨터도 ____________ 라디오도 ____________.
(끄다 + –고) (끄다 + –으세요/세요)

5) 오늘은 날씨가 ____________ 등산을 갈 거예요.
(나쁘다 + –지만)

6) 어제는 일기*를 안 ____________ 오늘은 꼭* ____________.
(쓰다 + –지만) (쓰다 + –을/ㄹ 거예요)

나쁘다 to be bad 일기 diary 꼭 surely

연 습 3 그림을 보고 [보기]와 같이 대화를 완성하세요.

Look at the pictures and complete the dialogues as shown in the example.

[보기]

A : 어떻게 오셨어요?

B : 열도 나고 머리도 아파요.

1)

A : 지금 시간 있어요?

B : 아니요.
지금은 ______________________.

2)

A : 배 안 고파요?

B : 아니요, ______________________.
아침을 안 먹었어요.

3)

A : 생일 축하해요.

B : 고마워요.
꽃이 ______________________.

4)

A : 지금 뭐 해요?

B : ______________________.

5)

A : 제주도는 오늘 날씨가 어때요?

B : 어제는 ______________ 오늘은 좋아요.

6)

A : 몸은 좀 어때요?

B : 어제는 ______________________.
고마워요.

2. V-지 마세요

연 습 1 그림을 보고 [보기]와 같이 문장을 완성하세요.

Look at the signs and create the sentences as shown in the example.

[보기]

주차하지* 마세요.

1)

______________________.

2)

______________________.

3)

______________________.

4)

______________________.

5)

______________________.

6)

______________________.

* 주차하다 to park

연 습 2 그림을 보고 [보기]와 같이 대화를 완성하세요.

Look at the pictures and complete the dialogues as shown in the example.

[보기]

A : 저 가게에서 옷을 살까요?

B : 저 가게에서 사지 마세요.

비싸요.

1) 

A : 감기에 걸렸어요.

B : 그럼 ______________________.

집에서 쉬세요.

2) 

A : 버스를 탈까요?

B : ______________________.

길이 아주 복잡해요.

3) 

A : 저 영화 재미있어요?

B : ______________________.

재미없어요.

4) 

A : 목이 아파요.

B : 그럼 이야기를 많이 ______________.

그리고 따뜻한 물*을 많이 드세요.

5) 

A : 음식이 너무 매워요.

B : 그럼 ______________________.

이 우유를 드세요.

6) 

A : 이 책 읽을까요?

B : ______________________.

너무 어려워요.

따뜻한 물 warm water

3. N만

연 습 1 그림을 보고 [보기]와 같이 대화를 완성하세요.
Look at the pictures and complete the dialogues as shown in the example.

[보기]

나나

A : 교실에 학생이 많아요?

B : 아니요, 나나 씨만 있어요.

1)

마리코

A : 모두 결혼했어요?

B : 아니요, ____________________.

2)

아키라

A : 모두 회사원이에요?

B : 아니요, ____________________.

3)

스티븐

A : 모두 영어를 잘해요?

B : 아니요, ____________________.

4)

지연

A : 모두 요리를 좋아해요?

B : 아니요, ____________________.

연 습 2 그림을 보고 [보기]와 같이 대화를 완성하세요.
Look at the pictures and complete the dialogues as shown in the example.

[보기]

A : 책을 많이 샀어요?

B : 아니요, 한 권만 샀어요.

1)

A : 어제 맥주를 많이 마셨어요?

B : 아니요, ____________________.

2)

A : 빵을 많이 먹었어요?

B : 아니요, ____________________.

3)

A : 한국 친구가 많아요?

B : 아니요, ____________________.

4)

A : 오래 쉬었어요?

B : 아니요, ____________________.

연 습 3 그림을 보고 [보기]와 같이 대화를 완성하세요.

Look at the pictures and complete the dialogues as shown in the example.

[보기]

월요일

A : 매일 태권도를 배워요?

B : 아니요, 월요일에만 배워요.

1)

일요일

A : 매일 빨래를 해요?

B : 아니요, ______________________________.

2)

주말

A : 매일 여자 친구를 만나요?

B : 아니요, ______________________________.

3)

도서관

A : 이 책이 서점에도 있어요?

B : 아니요, ______________________________.

4)

노래방

A : 집에서도 노래해요?

B : 아니요, ______________________________.

연 습 4 [보기]와 같이 이야기해 보세요.

Create the sentences as shown in the example.

______________ 은/는 ______________ 에만 있어요.

캥거루 kangaroo

4. V-아야/어야 되다

연 습 1 다음과 같이 쓰세요.

Complete the table with the correct form of each word.

	-아야/어야 돼요		-아야/어야 돼요		-아야/어야 돼요
가다	가야 돼요	숙제하다		만들다	
앉다		청소하다		배우다	
보다		마시다		듣다	
오다		읽다		쓰다	

연 습 2 그림을 보고 [보기]와 같이 대화를 완성하세요.

Look at the pictures and complete the dialogues as shown in the example.

[보기]

A : 오늘 뭐 해요?

B : 공부해야 돼요.

내일 시험이 있어요.

1) 

A : 오늘 뭐 해요?

B : ______________________.

내일 생일 파티에 가요.

2) 

A : 오늘 뭐 해요?

B : ______________________.

내일 친구가 우리 집에 와요.

3) 

A : 오늘 뭐 해요?

B : ______________________.

기침을 많이 해요.

4) 

A : 오늘 뭐 해요?

B : ______________________.

부모님이 한국에 오세요.

5) 

A : 오늘 뭐 해요?

B : ______________________.

다음 일요일이 동생 생일이에요.

연 습 3 그림을 보고 [보기]와 같이 문장을 완성하세요.

Look at the pictures and create the sentences as shown in the example.

[보기]

안전벨트* / 하다

비행기를 탑니다.

안전벨트를 해야 합니다.

1)

약 / 먹다

감기에 걸렸습니다.

______________________________.

2)

숙제 / 하다

한국어를 배웁니다.

______________________________.

3)

양복* / 입다

내일 결혼식에 갑니다.

______________________________.

4)

휴대폰 / 끄다

극장에서 영화를 봅니다.

______________________________.

연 습 4 이 사람은 어떻게 해야 돼요? 친구와 이야기해 보세요.

What should they do? Talk about it with your partner.

안전벨트 safety belt 양복 suit

문형 연습 Pattern Practice

track 06

연 습 1

[보기] 선생님 (T) 머리가 아픕니다.
학 생 (S) 머리가 아파요.

1. T 목이 아픕니다.
   S ______________________________.
2. T 오늘은 바쁩니다.
   S ______________________________.
3. T 날씨가 나쁩니다.
   S ______________________________.
4. T 여자 친구가 예쁩니다.
   S ______________________________.

연 습 2

[보기] 선생님 (T) 극장, 전화하다
학 생 (S) 극장에서 전화하지 마세요.

1. T 기숙사, 술을 마시다
   S ______________________________.
2. T 교실, 담배를 피우다
   S ______________________________.
3. T 도서관, 이야기하다
   S ______________________________.
4. T 박물관, 사진을 찍다
   S ______________________________.

연 습 3

[보기] **선생님** (T) 유진 씨도 병원에 가요?
학 생 (S) (나나 씨) 아니요, 나나 씨만 가요.

1. T 아키라 씨도 수영을 배워요?
   S (민수 씨) ______________________________.
2. T 냉면도 먹었어요?
   S (불고기) ______________________________.
3. T 남동생도 있어요?
   S (여동생) ______________________________.
4. T 금요일에도 아르바이트해요?
   S (목요일) ______________________________.

연 습 4

[보기] **선생님** (T) 오늘 바빠요?
학 생 (S) (공부하다) 네, 공부해야 돼요.

1. T 오늘 바빠요?
   S (대사관에 가다) ______________________________.
2. T 오늘 바빠요?
   S (일하다) ______________________________.
3. T 오늘 바빠요?
   S (영어를 가르치다) ______________________________.
4. T 오늘 바빠요?
   S (리포트를 쓰다) ______________________________.

12 여보세요
Hello

어 휘

- 전화번호
  Telephone Number
- 전화
  Telephone

문법과 표현

- A/V-지요?
  N(이)지요?
- V-고 있다
- 못 V
- A/V-아서/어서

문형 연습

어 휘 Vocabulary

연 습 1 알맞은 것을 골라 대화를 완성하세요.

Complete each dialogue with the appropriate expression from the box.

실례지만 누구세요	안녕히 계세요	여보세요	전화번호가 어떻게 되세요

1) 

A : ______________________________?

B : 880-5488이에요.

2) 

A : ______________________________.

거기 김 선생님 댁입니까?

B : 네, 그렇습니다.

3) 

A : ______________________________?

B : 저는 스티븐입니다.

4) 

A : 그럼, 내일 만나요.

______________________________.

B : 네, 내일 만나요.

연 습 2 그림을 보고 [보기]와 같이 문장을 완성하세요.

Look at the pictures and complete the sentences as shown in the example.

[보기] 

친구가 전화했어요.

1) 

제가 전화했지만 친구가 ____________________.

2) 

친구가 생일 파티 ____________________.

3) 

친구한테서 생일 파티 ____________________.

문법과 표현 Grammar and Expression

1. A/V-지요?, N(이)지요?

연 습 1 그림을 보고 [보기]와 같이 대화를 완성하세요.
Look at the pictures and complete the dialogues as shown in the example.

[보기]

A : 한국어를 공부하지요 ?

B : 네, 한국어를 공부해요.

1) 

A : ______________________________?

B : 네, 맛있어요.

2) 

A : ______________________________?

B : 네, 추워요.

3) 

A : ______________________________?

B : 네, 배워요.

4) 

A : ______________________________?

B : 아니요, 잘 못해요.

5) 

A : ______________________________?

B : 네, 케이크를 먹었어요.

6) 

A : ______________________________?

B : 네, 숙제했어요.

7) 

A : ______________________________?

B : 네, 더웠어요.

8) 

A : ______________________________?

B : 네, 제가 전화했어요.

연 습 2 그림을 보고 [보기]와 같이 대화를 완성하세요.

Look at the pictures and complete the dialogues as shown in the example.

[보기]

A : 이거 나나 씨 휴대폰이지요?

B : 네, 제 휴대폰이에요.

1) 

A : 요스케 씨, ______________________?

B : 네, 일본 사람이에요.

2) 

A : 이거 ______________________?

B : 네, 제 사전이에요.

3) 

A : 그거 ______________________?

B : 아니요, 코코아*예요.

4) 

A : 우영 씨는 ______________________?

B : 아니요, 한국어 선생님이에요.

연 습 3 알맞은 것을 골라 대화를 완성하세요.

Complete the dialogues with the correct word from the box.

누구	언제	어디	뭐	얼마	몇 시	며칠

1) 

A : 여기가 ____________지요?

B : 여기는 도서관이에요.

2) 

A : 지금 ____________지요?

B : 2시 15분이에요.

3) 

A : 이 책은 ____________지요?

B : 15,000원이에요.

4) 

A : 저분*은 ____________시지요?

B : 저분은 우리 어머니세요.

코코아 cocoa 저분 that (honorific expression)

2. V-고 있다

연 습 1 그림을 보고 [보기]와 같이 대화를 완성하세요.
Look at the pictures and complete the dialogues as shown in the example.

[보기]

A : 샤오밍 씨는 지금 뭐 해요?

B : 빨래하고 있어요.

1)

A : 마리코 씨는 지금 뭐 해요?

B : ____________________.

2)

A : 민수 씨는 지금 뭐 해요?

B : ____________________.

3)

A : 줄리앙 씨는 지금 뭐 해요?

B : ____________________.

4)

A : 선생님은 지금 뭐 하세요?

B : ____________________.

5)

A : 사장님은 지금 뭐 하세요?

B : ____________________.

6)

A : 어머니는 지금 뭐 하세요?

B : ____________________.

연 습 2 그림을 보고 [보기]와 같이 대화를 완성하세요.

Look at the picture and complete the dialogues as shown in the example.

친구들을 찾으세요!

[보기] A : 줄리앙 씨는 지금 뭐 해요? B :  책을 읽고 있어요.

1) A : 스티븐 씨는 지금 뭐 해요? B :  ______________________.

2) A : 나나 씨는 지금 뭐 해요? B :  ______________________.

3) A : 샤오밍 씨는 지금 뭐 해요? B :  ______________________.

4) A : 켈리 씨는 지금 뭐 해요? B :  ______________________.

5) A : 아키라 씨는 지금 뭐 해요? B :  ______________________.

6) A : 민수 씨는 지금 뭐 해요? B :  ______________________.

7) A : 마리코 씨는 지금 뭐 해요? B :  ______________________.

8) A : 지연 씨는 지금 뭐 해요? B :  ______________________.

9) A : 히엔 씨는 지금 뭐 해요? B :  ______________________.

10) A : ______________________? B : ______________________.

3. 못 V

연 습 1 다음과 같이 쓰세요.

Complete the table with the correct form of each verb.

사다	못 사요	읽다		수영하다	수영 못 해요
타다		치다		요리하다	
보다		듣다		운동하다	

연 습 2 그림을 보고 [보기]와 같이 대화를 완성하세요.

Look at the pictures and complete the dialogues as shown in the example.

[보기]

A : 스키 타요?

B : 아니요, 스키 못 타요.

1)

A : 피아노 쳐요?

B : 아니요, ______________________.

2)

A : 자전거 타요?

B : 아니요, ______________________.

3)

A : 테니스 ______________________?

B : 아니요, ______________________.

4)

A : 스케이트 ______________________?

B : 아니요, ______________________.

5)

A : 수영해요?

B : 아니요, ______________________.

연습 3 알맞은 것을 고르세요.

Circle the correct negation.

1) 어제 비가 왔어요. 그래서 산에 (못 / 안) 갔어요.

2) 어제는 일요일이었어요. 그래서 학교에 (못 / 안) 갔어요.

3) 오늘 파티에 가요? – 아니요, (못 / 안) 가요. 일해야 돼요.

4) 750번 버스가 인사동에 가요? – 아니요, (못 / 안) 가요.

5) 숙제 다 했어요? – 아니요, (못 / 안) 했어요. 숙제가 너무 어려워요.

6) 우유 살 거예요? – 아니요, (못 / 안) 살 거예요. 집에 우유가 있어요.

연습 4 [보기]와 같이 대화를 완성하세요.

Look at the pictures and complete the dialogues as shown in the example.

[보기]

A : 학교에 가요?

B : 아니요, 학교에 못 가요.
어머니가 한국에 오세요.

1)

A : 김치를 먹어요?

B : 아니요, ______________________.
너무 매워요.

2)

A : 어제 나나 씨를 만났어요?

B : 아니요, ______________________.
너무 바빴어요.

3)

A : 주말에 좀 쉬었어요?

B : 아니요, ______________________.
숙제가 너무 많았어요.

4)

A : 어제 산책했어요?

B : 아니요, ______________________.
시간이 없었어요.

4. A/V–아서/어서

연 습 1 다음과 같이 쓰세요.

Complete the table with the correct forms of each word.

	–아요/어요	–아서/어서
좋다	좋아요	좋아서
복잡하다		
없다		
있다		
맵다		
춥다		
바쁘다		
아프다		
가다		
보다		
하다		
먹다		
마시다		
읽다		
걷다		

연 습 2 [보기]와 같이 문장을 만드세요.

Connect two sentences as shown in the example.

[보기] 회의가 있어요. 그래서 친구 집에 못 가요.
→ 회의가 있어서 친구 집에 못 가요.

1) 비가 와요. 그래서 농구를 못 해요.
→ ______________________.

2) 아팠어요. 그래서 일을 못 했어요.
→ ______________________.

3) 어제는 날씨가 추웠어요. 그래서 수영을 못 했어요.
→ ______________________.

4) 샤워를 하고 있었어요. 그래서 전화를 못 받았어요.
→ ______________________.

5) 병원에 가야 돼요. 그래서 학교에 못 가요.
→ ______________________.

연 습 3 그림을 보고 [보기]와 같이 대화를 완성하세요.

Look at the pictures and complete the dialogues as shown in the example.

[보기]

A : 왜 수영장에 못 가요?

B : 비가 와서 못 가요.

1)

A : 왜 그 옷을 못 샀어요?

B : ______________________.

2)

A : 왜 꽃을 못 샀어요?

B : ______________________.

3)

A : 어젯밤*에 왜 못 잤어요?

B : ______________________.

4)

A : 왜 아침을 못 먹었어요?

B : ______________________.

5)

A : 왜 김 선생님을 못 만났어요?

B : ______________________.

6)

A : 왜 파티에 못 갔어요?

B : ______________________.

* 어젯밤 last night

문형 연습 Pattern Practice

track 07

연 습 1

[보기] **선생님** (T) 오늘, 한국어 공부하다
학 생 (S) 오늘 한국어 공부하지요?

1. T 오늘, 나나 씨 만나다
   S ____________________?
2. T 요즘, 한국 노래 듣다
   S ____________________?
3. T 어제, 백화점에 가다
   S ____________________?
4. T 어제, 날씨가 춥다
   S ____________________?

연 습 2

[보기] **선생님** (T) 나나 씨는 중국 사람이에요.
학 생 (S) 나나 씨는 중국 사람이지요?

1. T 마이클 씨는 기자예요.
   S ____________________?
2. T 여기가 서울대학교예요.
   S ____________________?
3. T 오늘은 목요일이에요.
   S ____________________?
4. T 아키라 씨 생일은 11월 11일이에요.
   S ____________________?

연 습 3

[보기] **선생님** (T) 여기가 어디지요?
학 생 (S) (인사동) 여기는 인사동이에요.

1. T 저 사람이 누구지요?
   S (스티븐 씨) ______________________.
2. T 이거는 무슨 음식이지요?
   S (불고기) ______________________.
3. T 오늘이 며칠이지요?
   S (7월 15일) ______________________.
4. T 저 가방은 얼마지요?
   S (55,000원) ______________________.

연 습 4

[보기] **선생님** (T) 지금 뭐 해요?
학 생 (S) (텔레비전 보다) 텔레비전 보고 있어요.

1. T 지금 뭐 해요?
   S (좀 쉬다) ______________________.
2. T 지금 뭐 해요?
   S (컴퓨터 하다) ______________________.
3. T 지금 뭐 해요?
   S (책 읽다) ______________________.
4. T 지금 뭐 해요?
   S (음악 듣다) ______________________.

연습 5

[보기] **선생님** (T) 오늘 김 선생님을 만나요?
학 생 (S) (아니요) 아니요, 못 만나요.

1. T 방학에 여행 가요?
   S (아니요) ______________________.
2. T 김치를 먹어요?
   S (아니요) ______________________.
3. T 어제 영화 봤어요?
   S (아니요) ______________________.
4. T 어제 숙제했어요?
   S (아니요) ______________________.

연습 6

[보기] **선생님** (T) 왜 고향에 안 가요?
학 생 (S) (일이 많다) 일이 많아서 못 가요.

1. T 왜 그 옷을 안 사요?
   S (너무 비싸다) ______________________.
2. T 왜 농구를 안 해요?
   S (비가 오다) ______________________.
3. T 왜 요즘 친구를 안 만나요?
   S (바쁘다) ______________________.
4. T 왜 전화를 안 받았어요?
   S (회의하고 있다) ______________________.

복습 6

어휘와 문법 Vocabulary and Grammar

1. 정리하기

어휘

11과	가슴 다리 머리 목 몸 무릎	발 배 손 어깨 팔 허리	귀 눈 얼굴 입 코	기침(을) 하다 목이 아프다 열이 나다[있다] 콧물이 나다
12과	공 실례지만 누구세요? 여보세요 전화번호 휴대폰 번호	문자를 받다 문자를 보내다 전화를 받다 전화(를) 하다		

문법

11과	'ㅡ' 탈락	주말에 만날까요? – 이번 주말은 바**빠**요. 어제는 편지를 **썼**어요.
	V–지 마세요	좀 늦을 거예요. 기다리**지 마세요**. 아이스크림을 많이 먹**지 마세요**.
	N만	커피**만** 마셨어요? – 아니요, 빵도 먹었어요.
	V–아야/어야 되다	집에 가서 청소**해야 돼요**. 저녁에 손님이 오세요. 밥 먹고 약을 먹**어야 돼요**.
12과	A/V–지요? N(이)지요?	농구를 좋아하**지요**? – 네, 아주 좋아해요. 요즘 날씨가 춥**지요**? – 네, 추워요. 이거 켈리 씨 모자**지요**? – 네, 제 모자예요. 오늘이 무슨 요일**이지요**? – 수요일이에요.
	V–고 있다	유진 씨는 지금 자**고 있어요**. 지금 뭐 해요? – 책을 읽**고 있어요**.
	못 V	저는 자전거를 **못** 타요. 마리코 씨는 김치를 **못** 먹어요.
	A/V–아서/어서	요즘 일이 많**아서** 너무 피곤해요. 조금 전에 빵을 먹**어서** 밥을 못 먹어요.

2. 확인하기

알아보기

어제 누구를 만났어요?
친구를 만나서 뭐를 했어요?
어디에서 영화를 봤어요?
영화를 좋아하지요?
친구도 학생이지요?

↓

어제 누굴 만났어요?
친구○ 만나서 뭘 했어요?
어디서 영화 봤어요?
영화○ 좋아하죠?
친구도 학생이죠?

친구를 만났어요.
영화를 봤어요.
강남에서 봤어요.
네, 좋아해요.
아니요, 학생이 아니에요.

↓

친구○ 만났어요./친구요.
영화○ 봤어요.
강남에서 봤어요./강남에서요.
네, 좋아해요.
아뇨, 학생이 아니에요.

연습

[보기]와 같이 고쳐 쓰세요.

[보기] 저는 여기에서 기다릴 거예요.
→ 전 여기서 기다릴 거예요.

1. A : 무슨 음식을 좋아해요? → ______?
   B : 비빔밥을 좋아해요. → ______. / ______.
2. 이 모자는 얼마지요? → ______?
3. 이번 방학에는 뭐를 할 거예요 ? → ______?
4. 이것은 저의 전화번호예요. → ______.
5. A : 샤오밍 씨는 요리를 잘하지요? → ______?
   B : 아니요, 잘 못해요. → ______, ______.
6. A : 무슨 노래를 들어요? → ______?
   B : 한국 노래를 들어요. → ______.
7. A : 고기를 먹어요? → ______?
   B : 아니요, 저는 고기를 안 먹어요. → ______, ______.

3. 평가하기

제한 시간 15분 　 내 점수 : 　 / 20

[1–5] 그림을 보고 (　　)에 알맞은 것을 고르세요.

1. A : (　　)이/가 어떻게 되세요?
   B : 880–5488이에요.

① 가족
② 연세
③ 직업
④ 전화번호

2. A : (　　).
   B : 네, 한국어센터 사무실입니다.

① 미안해요
② 여보세요
③ 어서 오세요
④ 오랜만이에요

3. A : 지금 뭐 해요?
   B : 친구한테 (　　)을/를 보내고 있어요.

① 문자
② 선물
③ 엽서
④ 편지

4. A : 어떻게 오셨어요?
   B : (　　)이/가 아파서 왔어요.

① 가슴
② 다리
③ 어깨
④ 허리

5. A : 감기는 좀 어때요?
B : 괜찮아요. 지금은 (   )만 나요.

① 열
② 기침
③ 눈물
④ 콧물

[6–7] 밑줄 친 부분과 반대되는 뜻을 가진 것을 고르세요.

6. A : 아키라 씨한테 전화를 받았어요?
B : 아니요, 제가 전화를 (   ).
① 샀어요 ② 했어요 ③ 보냈어요 ④ 기다렸어요

7. A : 내일 시간 있어요?
B : 미안하지만 내일은 (   ).
① 고파요 ② 나빠요 ③ 바빠요 ④ 아파요

[8–10] (   )에 알맞은 것을 고르세요.

8. (   )이/가 아프세요?
① 누구 ② 며칠 ③ 무엇 ④ 어디

9. 전화번호가 (   ) 번이에요?
① 몇 ② 무슨 ③ 어느 ④ 얼마

10. 수업 시간에는 휴대폰을 (   ) 돼요.
① 꺼야 ② 사야 ③ 받아야 ④ 찾아야

[11-16] (   )에 알맞은 것을 고르세요.

11. A : 저 영화 재미있어요?
B : 아니요, 재미없어요. (   ).
① 못 봤어요 ② 볼 거예요
③ 봐야 돼요 ④ 보지 마세요

12. A : 어떻게 오셨어요?
B : 기침을 하고 목이 많이 (   ).
① 아파요 ② 아팠어요
③ 아프세요 ④ 안 아파요

13. A : 선생님, 점심 드셨지요?
B : 네, 조금 전에 (   ).
① 드셨어요 ② 먹었어요
③ 먹었지요 ④ 안 먹었어요

14. A : 이번 방학에 고향에 가요?
B : 아니요, 일이 많아서 (   ).
① 가지요 ② 못 가요
③ 가야 돼요 ④ 가지 마세요

15. A : 시험 잘 봤어요?
B : 아니요, 너무 (   ) 잘 못 봤어요.
① 어렵고 ② 어렵지만
③ 어려워서 ④ 어려웠지만

16. A : 선생님은 지금 뭐 하세요?
B : 지금 사무실에서 (   ).
① 전화하셨어요 ② 전화하실 거예요
③ 전화하고 계세요 ④ 전화하고 있었어요

[17-18] 다음을 읽고 질문에 답하세요.

A : 여보세요. 샤오밍 씨 휴대폰이지요?
B : 네, 나나 씨. 저예요.
A : 샤오밍 씨, 왜 오늘 학교에 안 왔어요?
B : 감기에 (㉠) 못 갔어요.
A : 그래요? 병원에는 갔어요?
B : 아니요. 약(㉡) 먹었어요.

17. ㉠에 알맞은 것을 고르세요.

① 걸려서 ② 걸리고 ③ 걸렸고 ④ 걸리지만

18. ㉡에 알맞은 것을 고르세요.

① 도 ② 만 ③ 이 ④ 까지

[19-20] 다음을 읽고 질문에 답하세요.

A : 유진 씨도 쇼핑 좋아하지요? 오후에 같이 쇼핑 갈까요?
B : 미안하지만 내일 시험이 있어서 오늘은 (㉠).
A : 아, 그래요? 그럼 이번 주말에는 어때요?
B : 주말에는 리포트를 (㉡) 바빠요. 미안해요.
A : 많이 바쁘네요. 그럼 다음에 같이 가요.
B : 네, 그래요. 고마워요.

19. ㉠에 알맞은 것을 고르세요.

① 공부 안 해요 ② 공부해야 돼요
③ 공부하고 있어요 ④ 공부하지 마세요

20. ㉡에 알맞은 것을 고르세요.

① 써서 ② 쓰고 ③ 써야 돼서 ④ 쓸 거지만

발음 Pronunciation

1. 정리하기

1. 'ㅎ'은 앞이나 뒤에 오는 자음에 따라 발음이 달라집니다.
   'ㅎ' is pronounced differently according to the consonants that proceed or follow it.

   예] 어떻**게**[어떠케] / 좋**다**[조타] / 많**지**만[만치만]
   예] 백**화**점[배콰점] / 따뜻**해**요[따뜨태요] / 입**하**고[이파고]

2. '못'의 발음에 주의하세요.
   Pay attention to the pronunciation of '못'.

   예] 못 **가**요[몯까요] / 못 **들**어요[몯뜨러요] / 못 **봐**요[몯뽜요] / 못 **사**요[몯싸요] /
   못 **자**요[몯짜요]
   예] 못 내려요[몬내려요] / 못 먹어요[몬머거요]
   예] 못**해**요[모태요]

2. 평가하기

track 08

[1–4] 잘 듣고 맞는 것에 √ 하세요.

	①	②
[보기] 백화점	√	
1. 따뜻해요		
2. 많지요		
3. 복잡해요		
4. 외국 학생		

[5–8] 잘 듣고 맞는 것에 √ 하세요.

	①	②
[보기] 못 만나요	√	
5. 못해요		
6. 못 내려요		
7. 못 가요		
8. 못 와요		

듣기 Listening

track 09 내 점수 : / 20

[1-3] 잘 듣고 알맞은 것을 고르세요.

1. (　　　)을/를 해서 병원에 갔어요.

① 가치　② 기차　③ 기침　④ 김치

2. (　　　)이 아파요.

① 발　② 볼　③ 빵　④ 팔

3. 제 전화번호는 010-2678-(　　　)이에요.

① 3418　② 4328　③ 3318　④ 3428

[4-8] 잘 듣고 알맞은 대답을 고르세요.

4. ①　②　③　④

5. ①　②　③　④

6. ①　②　③　④

7. ①　②　③　④

8. ①　②　③　④

[9–11] 여기는 어디입니까? 잘 듣고 알맞은 것을 고르세요.

9. ① 가게 ② 병원 ③ 약국 ④ 은행

10. ① 산 ② 공항 ③ 호텔 ④ 여행사

11. ① 교실 ② 약국 ③ 회사 ④ 도서관

[12–14] 다음 대화를 듣고 알맞은 그림을 고르세요.

12.

①

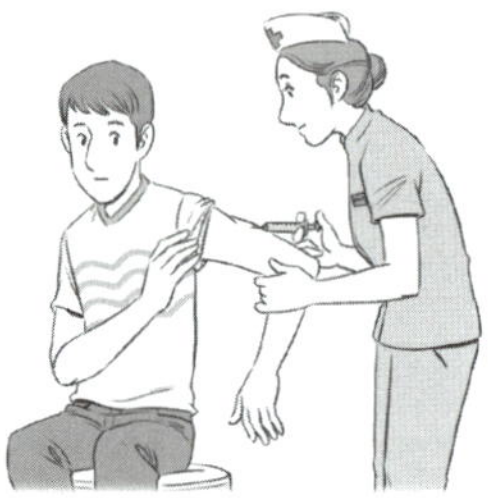

②

③

④

13.

①

②

③

④

14.

①

②

③

④

[15-18] 잘 듣고 대화 내용과 같은 것을 고르세요.

15. ① 여자는 수업이 있었어요.
② 여자는 내일 도서관에 가야 돼요.
③ 남자는 다음 주에 시험이 있어요.
④ 남자는 내일 노래방에 갈 거예요.

16. ① 스티븐은 집에 있어요.
② 여자는 스티븐의 고향 친구예요.
③ 여자는 스티븐의 집에 전화했어요.
④ 여자는 스티븐의 휴대폰 번호를 몰라요.

17. ① 여자는 아침에 커피와 빵을 먹었어요.
② 여자는 남자와 같이 아침을 먹었어요.
③ 여자는 베트남에서는 커피를 안 마셨어요.
④ 여자는 오늘 점심을 많이 먹을 거예요.

18. ① 여자는 남자를 기다렸어요.
② 여자는 늦어서 남자를 못 만났어요.
③ 남자는 수업이 있어서 문자를 못 받았어요.
④ 남자는 지금 휴대폰이 없어요.

[19-20] 잘 듣고 질문에 답하세요.

19. ① 미국의 밤 ② 아버지의 모자
③ 아버지의 생신 ④ 명동에서의 쇼핑

20. ① 여자는 오늘 명동에 갈 거예요.
② 여자는 지금 선물을 사고 있어요.
③ 여자는 오늘 생일 파티를 할 거예요.
④ 여자는 지금 미국에 전화하고 있어요.

읽기와 쓰기 Reading and Writing

제한 시간 25분　　내 점수 :　　　/ 20

[1] 다음을 읽고 관계있는 것을 고르세요.

1.

① 사진을 찍으세요.
② 사진을 찍고 있어요.
③ 사진을 찍지 마세요.
④ 사진을 찍어야 돼요.

[2-4] (　　　)에 들어갈 가장 알맞은 말을 고르세요.

2. 어제 많이 걸어서 (　　　　　)가 아파요.

① 가슴　　② 다리　　③ 머리　　④ 어깨

3. 요즘 이 노래가 (　　　　　). 사람들이 이 노래를 좋아해서 많이 들어요.

① 걱정이에요　　② 다행이에요　　③ 유행이에요　　④ 오랜만이에요

4. 나나는 편지를 썼어요. 그리고 우체국에 가서 (　　　　　).

① 냈어요　　② 샀어요　　③ 받았어요　　④ 보냈어요

[5-6] 다음 내용과 같은 것을 고르세요.

5. 저는 동생이 하나 있습니다. 지금 열여덟 살입니다. 호주에서 학교에 다니고 있습니다. 동생은 운동을 잘하고 재미있어서 친구가 많습니다.

① 저는 동생이 많아요.　　② 동생은 18살이에요.
③ 저는 운동을 잘해요.　　④ 동생은 내년에 호주에 갈 거예요.

6. 오늘 아침에 7시에 일어나야 됐지만 알람을 못 들어서 8시까지 잤어요. 그래서 아침을 못 먹고 회사에 갔어요.

① 오늘 7시 반에 자고 있었어요.　　② 8시에도 못 일어났어요.
③ 알람을 들었지만 다시 잤어요.　　④ 아침 식사를 해서 회사에 늦었어요.

[7] 다음을 읽고 맞지 않는 것을 고르세요.

약 건강 약국

성함 : 김 은 호 (남, (여))

나이 : 30 세

(아침) 점심, (저녁) (식사 후 30분)

20××년 10월 7일
약사 정 지 원

① 환자는 정지원 씨예요.
② 10월 7일에 약국에 갔어요.
③ 식사하고 약을 먹어야 돼요.
④ 김은호 씨는 서른 살이에요.

[8–10] [보기]와 같이 순서에 맞게 문장을 만드세요.

[보기] 아닙니다, 학생, 나는, 이 → 나는 학생이 아닙니다.

8. 술을, 마세요, 운전하지, 마시고
→ ______________________________.

9. 공항에, 돼요, 오셔서, 아버지가, 한국에, 가야
→ 내일 ______________________________.

10. 방에서, 와, 전화하고, 있어요, 친구, 은
→ 히엔______________________________.

[11–13] **알맞은 것을 골라 두 문장을 한 문장으로 만드세요.**

-고	-지만	-아서/어서

11. 모자하고 바지가 모두 예뻐요. 모자만 살 거예요.

→ ______________________________.

12. 딸이 아픕니다. 같이 병원에 가야 됩니다.

→ ______________________________.

13. 어젯밤에 일기를 썼어요. 11시쯤에 잤어요.

→ ______________________________.

[14–17] **대화를 읽고 알맞은 말을 쓰세요.**

14. A : 배고프지요?

B : ____________________.
조금 전에 빵 먹었어요.

15. A : 왜 파티에 못 가요?

B : ____________________.

A : 그래요? 시험이 언제예요?

B : 내일이에요.

16. A : 여보세요?

B : ____________________?
김 선생님 계세요?

A : 아니요, 지금 집에 안 계세요.
학교에 가셨어요.

17. A : 어떻게 오셨어요?

B : ____________________.

A : 목만 아프세요?

B : 열도 조금 있어요.

[18-20] 다음을 읽고 맞으면 O, 틀리면 X 하세요.

줄리앙은 제 친구입니다. 줄리앙은 기타를 오래 배워서 아주 잘 칩니다. 그래서 지난 금요일에 학교 극장에서 기타 연주회를 했습니다. 연주회가 7시에 시작해서 6시 50분까지는 극장에 가야 했습니다. 그렇지만 제 아르바이트가 6시 반에 끝났습니다. 시간이 없어서 저는 택시를 탔습니다. 택시 안에서 줄리앙의 문자를 받았습니다. '지금 어디에 있어요? 늦지 마세요.' 저도 문자를 써서 보냈습니다. '지금 가고 있어요.' 그렇지만 길이 너무 복잡해서 연주회에 늦었습니다. 그래서 줄리앙의 연주를 못 들었습니다. 정말 미안했습니다.

18. 저는 요즘 기타를 배우고 있습니다. (　　)
19. 줄리앙의 연주회는 금요일 7시부터였습니다. (　　)
20. 저는 아르바이트를 해야 해서 연주회에 못 갔습니다. (　　)

[21] **질문을 잘 읽고 200~300자로 글을 쓰세요.**

여러분도 학교에 / 회사에 / 약속 시간에 늦었어요? 왜 늦었어요? 그래서 어떻게 했어요? 쓰세요.

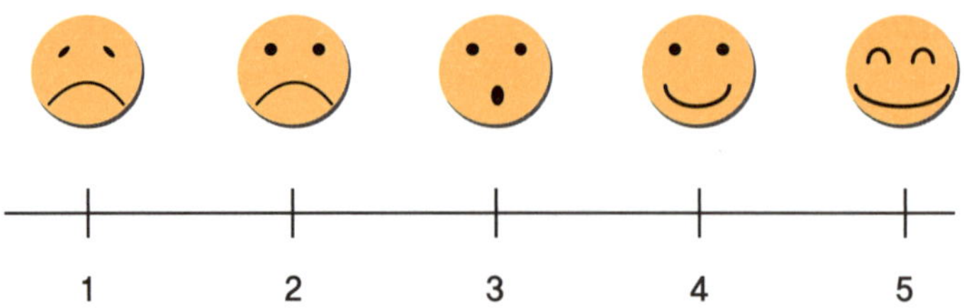

말하기 Speaking

[1] 그림을 보고 이야기를 만들어 보세요.

[2] 친구와 이야기해 보세요.

의사입니다. 지금 전화로 건강을 상담해 주는 텔레비전 (또는 라디오) 프로그램 '건강사전'에 나와 있습니다. 전화 연결된 시청자 (또는 청취자)의 증상을 잘 듣고 조언해 주세요.

You are a medical doctor. Now you are on the 'Health Dictionary', a health consultation TV (or radio) show. Listen to the symptoms of audience members on the telephone and give them advice.

텔레비전 (또는 라디오) 프로그램 '건강사전'을 보고 (또는 듣고) 있는 시청자 (또는 청취자)입니다. 자신이나 가족이 아파서 전화했습니다. 증상을 설명하고 의사의 조언을 구하세요.

You are watching (or listening) to the health consultation TV (or radio) show 'Health Dictionary'. You are calling to have a medical consultation about your health issue or a family member's health issue. Explain about the symptoms and seek a doctor's advice.

Memo

13 서울역으로 가 주세요

Please take me to Seoul Station

어 휘

- 교통
  Traffic

문법과 표현

- V-(으)려고 하다
- N에서 N까지
- V-아/어 주다
- N(으)로

문형 연습

어 휘 Vocabulary

연 습 1 알맞은 것을 연결하세요.

Match each word with the corresponding picture.

기차	버스	비행기	택시	자전거	지하철	오토바이	배

연 습 2 어디에서 타요? 알맞은 것을 연결하세요.

Where do you board the following forms of transportation? Match each mode of transportation to the correct word.

1) 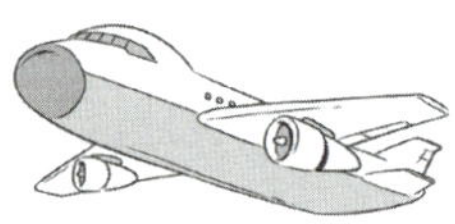 •

• ① 정류장

2)  •

• ② 역

3) 

•

• ③ 공항

4)  •

연 습 3 그림을 보고 [보기]와 같이 대화를 완성하세요

Look at the pictures and complete the dialogues as shown in the example.

[보기]

A : 학교에 어떻게 와요?

B : 버스를 타고 와요.

1)

A : 회사에 어떻게 가요?

B : ______________________.

2)

A : 제주도에 어떻게 갔어요?

B : ______________________.

3)

A : 어제 뭐 했어요?

B : ______________________.

4)

A : 어느 공항에서 내렸어요?

B : ______________________.

5)

A : 서울대학교에 가야 돼요.
어디에서 내려야 돼요?

B : ______________________.

문법과 표현 Grammar and Expression

1. V-(으)려고 하다

연 습 1 다음과 같이 쓰세요.

Complete the table with the correct form of each verb.

	-으려고/려고 해요		-으려고/려고 해요
보다	보려고 해요	먹다	
타다		읽다	
내리다		입다	
운동하다		듣다	
공부하다		걷다	

연 습 2 그림을 보고 [보기]와 같이 문장을 완성하세요.

Look at the pictures and complete the sentences as shown in the example.

[보기]

나나는 커피를 마시려고 해요.

1)

아키라는 ________________.

2)

스티븐은 ________________.

3)

유진은 ________________.

4)

정우는 ________________.

연 습 3 그림을 보고 [보기]와 같이 대화를 완성하세요.

Look at the pictures and complete the dialogues as shown in the example.

[보기]

A : 방학에 뭐 할 거예요?

B : 여행하려고 해요.

1)

A : 어디에 갈 거예요?

B : ________________________.

2)

A : 뭘 탈 거예요?

B : ________________________.

3)

A : 주말에 뭐 할 거예요?

B : ________________________.

4)

A : 친구를 만나서 뭐 할 거예요?

B : ________________________.

5)

A : 오늘 오후에 뭐 할 거예요?

B : ________________________.

2. N에서 N까지

연 습 1 그림을 보고 [보기]와 같이 대화를 완성하세요.

Look at the pictures and complete the dialogues as shown in the example.

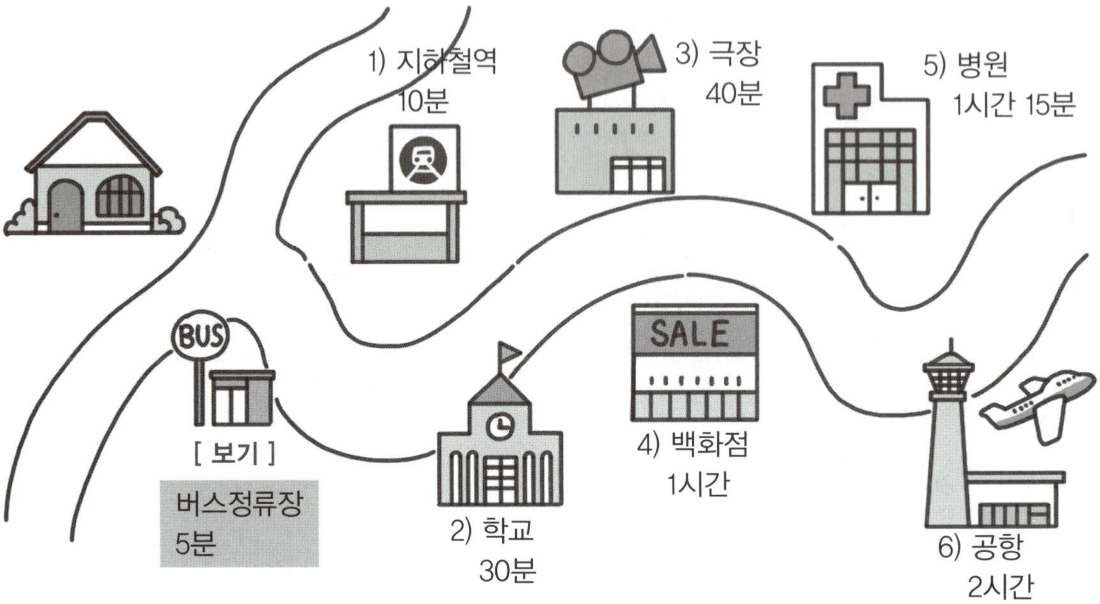

[보기]

A : 집에서 버스정류장까지 얼마나 걸려요?

B : 오 분 걸려요.

1) A : 집에서 지하철역까지 ______________________?

B : ______________________.

2) A : 집에서 ______________________?

B : ______________________.

3) A : ______________________?

B : ______________________.

4) A : ______________________?

B : ______________________.

5) A : ______________________?

B : ______________________.

6) A : ______________________?

B : ______________________.

연 습 2 그림을 보고 [보기]와 같이 대화를 완성하세요.

Look at the pictures and complete the dialogues as shown in the example.

[보기]

A : 샤오밍 씨, 어느 나라에서 오셨어요?

B : 중국에서 왔어요.

1)

A : 마리코 씨, 어느 나라에서 오셨어요?

B : ____________________________.

2)

A : 켈리 씨, 어느 나라에서 오셨어요?

B : ____________________________.

3)

A : 줄리앙 씨, 어느 나라에서 오셨어요?

B : ____________________________.

4)

A : 스티븐 씨, 어느 나라에서 오셨어요?

B : ____________________________.

연 습 3 알맞은 것을 골라 대화를 완성하세요.

Complete the dialogues with the correct particle from the box.

에	에서	까지

1) A : 회사가 집(   ) 멀어요?
   B : 아니요, 가까워요.

2) A : 커피숍이 어디에 있어요?
   B : 2층(   ) 있어요.

3) A : 서울(   ) 부산(   ) 비행기를 타고 갈까요?
   B : 아니요, 기차를 타고 가요.

4) A : 오늘 뭐 할 거예요?
   B : 집(   ) 가서 쉬려고 해요.

5) A : 미국 사람이세요?
   B : 아니요, 저는 영국(   ) 왔습니다.

3. V-아/어 주다

연 습 1 다음과 같이 쓰세요.

Complete the table with the correct forms of each verb.

	-아/어 주세요	-아/어 줄까요	-아/어 줬어요
닫다*	닫아 주세요		
사다			
노래하다			
가르치다			
기다리다			
만들다			
읽다			
쓰다			
돕다	도와주세요		

연 습 2 알맞은 것을 고르세요.

Choose the correct sentence ending as shown in the example.

1) 오늘이 제 생일이에요. 생일 축하 노래를 (하세요 / 해 주세요).

2) 좀 춥네요. 아키라 씨, 그 창문 좀 (닫으세요 / 닫아 주세요).

3) 저는 지금 돈이 없어요. 유진 씨가 커피 좀 (사세요 / 사 주세요).

4) 나나 씨, 요즘 몸이 안 좋아요? 그럼 운동을 좀 (하세요 / 해 주세요).

5) 지연 씨, 미안해요. 제가 좀 늦을 거예요. 10분만 (기다리세요 / 기다려 주세요).

6) 여러분, 쉬는 시간이에요. 10시까지 (쉬세요 / 쉬어 주세요).

7) 선생님, 그 단어*를 칠판에 (쓰세요 / 써 주세요).

8) 스티븐 씨, 지금 시간 있어요? 저를 좀 (도우세요 / 도와주세요).

닫다 to close 단어 word

연 습 3 그림을 보고 [보기]와 같이 대화를 완성하세요.

Look at the pictures and complete the dialogues as shown in the example.

[보기]

A : 지금 어디예요? 왜 안 와요?

B : 미안해요. 지금 가고 있어요.
좀 기다려 주세요 ____________.

1)

A : 무슨 일 있어요?

B : 네, 지금 우리 집에 ____________.

2)

A : 책을 읽어 줄까요?

B : 네, ____________.

3)

A : 저, 사진 좀 ____________.

B : 아, 네. 찍습니다. 하나, 둘, 셋!

4)

A : 병원에 혼자 갔어요?

B : 아니요. 마리코 씨가 같이 ____________.

5)

A : 스티븐 씨, 어제 학교에 안 왔지요?
어떻게 숙제를 알았어요?

B : 줄리앙 씨가 ____________.

연 습 4 생일에 여러분의 가족과 친구들이 뭘 해 주었어요? 이야기해 보세요.

What have your family and friends done for you on your birthday? Talk about it.

4. N(으)로

연 습 1 알맞은 것을 고르세요.
Choose the correct particle.

1) 이 차는 어디(로 / 으로) 가요?

2) 이 버스는 코엑스(로 / 으로) 가요.

3) 어느 기차가 부산(로 / 으로) 가요?

4) 이 버스가 공항(로 / 으로) 갑니까?

5) 주말에 아키라 씨 집(로 / 으로) 오세요.

6) 여러분, 교실(로 / 으로) 갑시다.

7) 이 비행기는 서울(로 / 으로) 갑니다.

8) 이번 방학에 독일(로 / 으로) 여행을 가려고 해요.

연 습 2 그림을 보고 [보기]와 같이 문장을 완성하세요.
Look at the pictures and complete the sentences as shown in the example.

[보기]

게*는 옆으로 걸어요.

1)

아저씨, ______________ 가세요.

2)

여러분, ______________ 오세요.

3)

조금만 ______________ 가 주세요.

게 crab

연 습 3 그림을 보고 [보기]와 같이 대화를 완성하세요.

Look at the pictures and complete the dialogues as shown in the example.

[보기]

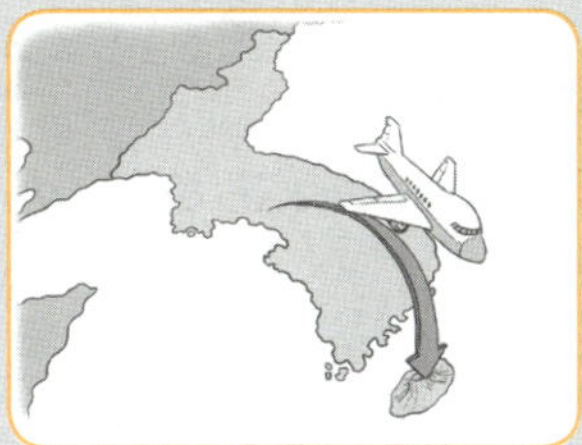

A : 방학에 어디로 여행을 갈까요?

B : 제주도로 여행을 가요.

1)

A : 이 버스는 어디로 가요?

B : ______________________________.

2)

A : 스티븐 씨는 집으로 갔어요?

B : 아니요, ______________________________.

3)

A : 생선이 어디에 있어요?

B : ______________________________.

4)

A : 침대가 몇 층에 있어요?

B : ______________________________.

5)

A : 손님, 어디로 갈까요?

B : ______________________________.

오른쪽 the right

문형 연습 Pattern Practice

track 10

연 습 1

[보기] 선생님 (T) 어디에 갈 거예요?
학　생 (S) (제주도) 제주도에 가려고 해요.

1. T 뭘 탈 거예요?
   S (지하철) ________________.
2. T 어디에서 내릴 거예요?
   S (서울대입구역) ________________.
3. T 뭘 먹을 거예요?
   S (비빔밥) ________________.
4. T 무슨 음악을 들을 거예요?
   S (한국 음악) ________________.

연 습 2

[보기] 선생님 (T) 집, 학교, 30분
학　생 (S) 집에서 학교까지 30분 걸려요.

1. T 집, 회사, 40분
   S ________________.
2. T 학교, 강남, 1시간
   S ________________.
3. T 한국, 일본, 2시간
   S ________________.
4. T 호주, 한국, 10시간
   S ________________.

연습 3

[보기] **선생님** (T) 뭘 해 줄까요?
학　생 (S) (책, 읽다) 책을 읽어 주세요.

1. T 뭘 해 줄까요?
   S (커피, 사다) ______________________.
2. T 뭘 해 줄까요?
   S (케이크, 만들다) ______________________.
3. T 뭘 해 줄까요?
   S (편지, 쓰다) ______________________.
4. T 뭘 해 줄까요?
   S (숙제, 돕다) ______________________.

연습 4

[보기] **선생님** (T) 유진 씨는 어디로 가요?
학　생 (S) (도서관) 도서관으로 가요.

1. T 저 버스는 어디로 가요?
   S (서울대) ______________________.
2. T 스티븐 씨는 어디로 가요?
   S (집) ______________________.
3. T 저 비행기는 어디로 가요?
   S (일본) ______________________.
4. T 이 기차는 어디로 가요?
   S (서울) ______________________.

14 이 옷을 입어 보세요

Try these clothes on

어 휘

- 의복
  Clothes
- 형용사 2
  Adjective 2

문법과 표현

- 'ㄹ' 탈락
- A-(으)ㄴ N
- N한테[께]
- V-아/어 보세요

문형 연습

어 휘 Vocabulary

연 습 1 빈칸에 알맞은 단어를 쓰고, [보기]와 같이 문장을 완성하세요.

Write the correct clothing word in each box and complete the following sentences as shown in the example.

입다	신다	쓰다

[보기] 어머니는 원피스를 입고 구두를 신으셨어요.

1) 동생은 ____.

2) 나는 ____.

3) 할아버지는 ____.

4) 아버지는 ____.

연 습 2 그림을 보고 [보기]와 같이 대화를 완성하세요.

Look at the pictures and complete the dialogues as shown in the example.

[보기]

₩5,000 / 1개

A : 요즘 사과가 싸요?

B : 아니요, 비싸요.

1)

A : 유진 씨는 머리가 짧아요?

B : 아니요, ______________________.

2)

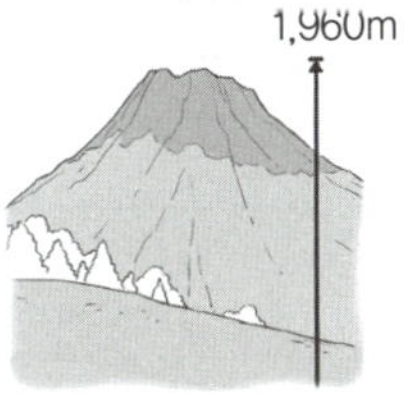

A : 한라산*이 높아요?

B : 네, ______________________.

3)

A : 동생도 키*가 커요?

B : 아니요, ______________________.

4)

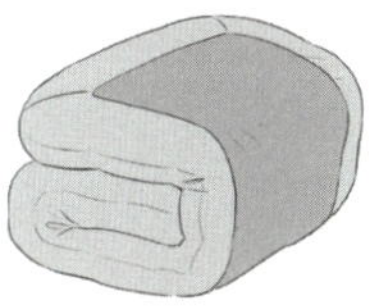

A : 이불*이 두꺼워요?

B : 네, ______________________.

5)

A : 그 의자 편해요?

B : 아니요, ______________________.

연 습 3 친구와 같이 이야기해 보세요.

Ask each other questions and respond.

우리 반에서 누가 멋있어요?

________ 씨가 멋있어요.

	멋있다	예쁘다	귀엽다	친절하다	똑똑하다
이름					

한라산 a mountain in Jeju Island　키 height　이불 blanket

문법과 표현 Grammar and Expression

1. 'ㄹ' 탈락

연 습 1 다음과 같이 쓰세요.
Complete the table with the correct forms of each word.

	-아요/어요	-습니다/ㅂ니다	-네요	-으세요/세요
놀다	놀아요	놉니다	노네요	노세요
만들다				
살다				
알다				
울다				
길다				
멀다				

연 습 2 알맞은 것을 골라 문장을 완성하세요.
Complete the sentences with the correct form of the word.

놀다	만들다	살다	열다	울다	길다	멀다

1) 어제 어머니가 영화를 보고 슬퍼서 ( )셨어요.
2) 어디에 ( )세요?
3) 내일 케이크를 ( )려고 해요.
4) 회사가 ( )서 일찍 일어나야 돼요.
5) 와, 저 배우의 다리가 정말 ( )네요.
6) 저는 부모님과 함께 ( )니다.
7) 날씨가 덥네요. 창문을 좀 ( ) 주세요.
8) 우리 내일 시내에서 만나서 같이 ( )까요?

연 습 3 친구와 같이 이야기해 보세요.

Ask each other questions and respond.

	1) 한국어 책을 어디에서 팝니까?	
	2) 한국 노래를 압니까?	
	3) 고향이 한국에서 멉니까?	
	4) 한국 음식을 잘 만듭니까?	
	5) 여자 친구 / 남자 친구는 머리가 깁니까?	
	6) 여러분 고향에서도 한국 음식을 팝니까?	
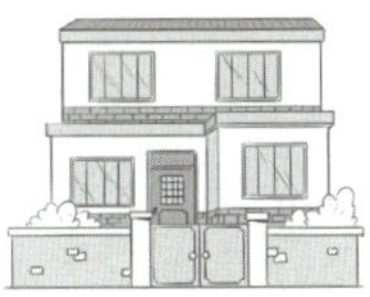	7) ○○ 씨는 어디에서 사세요?	
	8) ○○ 씨는 자주 우세요?	
	9) 주말에 친구하고 어디에서 노세요?	
	10) 김치를 드세요?	

2. A-(으)ㄴ N

연 습 1

다음과 같이 쓰세요.
Complete the table with the correct form of each word.

	-은/ㄴ		-은/ㄴ
크다	큰	두껍다	
예쁘다		귀엽다	
불편하다		길다	
높다		멀다	
많다		멋있다	
얇다		재미없다	

연 습 2

[보기]와 같이 문장을 완성하세요.
Complete the sentences with the correct attributive form of the word in parentheses.

[보기] 좀 ___작은___ 옷 있어요?
(작다)

1) 어제 시장에서 ______________ 수박을 샀어요.
(크다)

2) 한국에는 ______________ 사람이 많네요.
(친절하다)

3) ______________ 구두를 신지 마세요.
(높다)

4) 감기에 ______________ 약을 사려고 해요.
(좋다)

5) 날씨가 더워서 ______________ 셔츠를 샀어요.
(얇다)

6) 학교에서 ______________ 식당에 갈까요?
(가깝다)

7) 요즘은 ______________ 치마가 유행이에요.
(길다)

8) 저는 ______________ 남자를 좋아해요.
(멋있다)

연 습 3 그림을 보고 [보기]와 같이 문장을 완성하세요.

Look at the pictures and complete the sentences as shown in the example.

[보기]

<u>큰</u> 사과가 좋아요.

<u>작은</u> 사과가 좋아요.

1)

좋다 나쁘다

이 사람은 ＿＿＿＿＿＿ 사람이에요.

2)

비싸다 싸다

어제 ＿＿＿＿＿＿ 주스를 마셨어요.

3)

＿＿＿＿＿＿ 차를 사려고 해요.

4)

어렵다 쉽다

이건 ＿＿＿＿＿＿ 문제*예요.

5)

예쁘다 귀엽다

제 친구는 ＿＿＿＿＿＿ 여자를 좋아해요.

6)

길다 짧다

내일 ＿＿＿＿＿＿ 치마를 입을 거예요.

7)

재미있다 재미없다

주말에 ＿＿＿＿＿＿ 영화를 봤어요.

8)

맛있다 맛없다

어제 ＿＿＿＿＿＿ 음식을 먹었어요.

* 문제 question, problem

3. N한테[께]

연 습 1 그림을 보고 [보기]와 같이 문장을 완성하세요.
Look at the pictures and complete the sentences as shown in the example.

[보기]

스티븐은 ___유진한테___ 사탕을 줬어요.

1)

나나는 ____________ 선물을 줬어요.

2)

마리코는 ____________ 전화했어요.

3)

동생은 ____________ 이메일을 보냈어요.

4)

아키라는 ____________ 커피를 줬어요.

5)

나는 ____________ 한국어 책을 줬어요.

연 습 2 연습 1의 그림을 보고 [보기]와 같이 바꿔 말해 보세요.
Look at the pictures in '연습 1' and change the sentences as shown in the example.

[보기]

스티븐은 유진에게 사탕을 줬습니다.

연습 3 그림을 보고 [보기]와 같이 문장을 완성하세요.

Look at the pictures and complete the sentences as shown in the example.

[보기] 나는 켈리 씨한테 가방을 줬어요.

1) 켈리 씨는 ______________________________.

2) 선생님은 ______________________________.

3) 샤오밍 씨는 ______________________________.

4) ______________________________.

5) ______________________________.

6) ______________________________.

7) ______________________________.

연습 4 그림을 보고 [보기]와 같이 문장을 완성하세요.

Look at the pictures and complete the sentences as shown in the example.

[보기]

샤오밍 선생님

샤오밍은 선생님께 커피를 사 드렸어요.

1)

지연 할아버지

지연은 ______________________________.

2)

히엔 아버지

히엔은 ______________________________.

3)

동생 어머니

동생은 ______________________________.

4. V-아/어 보세요

연 습 1 다음과 같이 쓰세요.

Complete the table with the correct forms of each verb.

	-아요/어요	-아/어 보세요
만나다	만나요	
오다		
전화하다		
먹다	먹어요	
배우다		
마시다		
신다		
입다		
듣다		
쓰다		

연 습 2 그림을 보고 [보기]와 같이 대화를 완성하세요.

Look at the pictures and complete the dialogues as shown in the example.

[보기]

A : 의자가 아주 좋네요.

B : 한번 앉아 보세요.

1)

A : 구두가 참 예쁘네요.

B : ________________.

2)

A : 원피스가 아주 귀엽네요.

B : ________________.

3)

A : 모자가 참 멋있네요.

B : ________________.

연 습 3 그림을 보고 [보기]와 같이 대화를 완성하세요.

Look at the pictures and complete the dialogues as shown in the example.

[보기]

제주도

A : 한국에서 여행을 가려고 해요.
어디가 좋아요?

B : 제주도에 한번 가 보세요.

1)

한국어

A : 외국어*를 배우려고 해요.
무슨 외국어가 재미있어요?

B : ______________________________.

2)

비빔밥

A : 한국 음식을 먹으려고 해요.
무슨 음식이 맛있어요?

B : ______________________________.

3)

인사동

A : 찻집에 가려고 해요.
어디에 좋은 찻집이 많아요?

B : ______________________________.

4)

녹차

A : 한국 차를 마시려고 해요.
무슨 차가 맛있어요?

B : ______________________________.

5)

친절한 나영 씨

A : 주말에 책을 읽으려고 해요.
무슨 책이 재미있어요?

B : ______________________________.

*외국어 foreign language

문형 연습 Pattern Practice

track 11

연습 1

[보기] **선생님** (T) 나나 씨 전화번호를 알아요.
학　생 (S) 나나 씨 전화번호를 압니다.

1. T 저는 사당동에 살아요.
   S ______________________________.
2. T 마리코 씨는 케이크를 만들어요.
   S ______________________________.
3. T 이 이야기는 아주 길어요.
   S ______________________________.
4. T 학교에서 집까지 좀 멀어요.
   S ______________________________.

연습 2

[보기] **선생님** (T) 마리코 씨는 어떤 사람이에요?
학　생 (S) (친절하다) 친절한 사람이에요.

1. T 어떤 영화를 봤어요?
   S (슬프다) ______________________________.
2. T 어떤 치마를 샀어요?
   S (짧다) ______________________________.
3. T 어떤 음식을 좋아해요?
   S (맵다) ______________________________.
4. T 어떤 사람을 좋아해요?
   S (재미있다) ______________________________.

연 습 3

[보기] **선생님** (T) 누구한테 전화해요?
학　생 (S) (친구) 친구한테 전화해요.

1. T 누구한테 이메일을 보내요?
   S (동생) ______________________.
2. T 누구한테 편지를 써요?
   S (아버지) ______________________.
3. T 누구한테 그 책을 줄 거예요?
   S (여자 친구) ______________________.
4. T 누구한테 그 꽃을 줄 거예요?
   S (선생님) ______________________.

연 습 4

[보기] **선생님** (T) 무슨 책이 재미있어요?
학　생 (S) (이 책) 이 책을 한번 읽어 보세요.

1. T 누구를 만나야 돼요?
   S (김 선생님) ______________________.
2. T 무슨 외국어가 재미있어요?
   S (중국어) ______________________.
3. T 누구한테 전화해야 돼요?
   S (켈리 씨) ______________________.
4. T 무슨 노래가 좋아요?
   S (이 노래) ______________________.

복습 7

어휘와 문법 Vocabulary and Grammar

1. 정리하기

어휘

13과	기차 배 버스 비행기 오토바이 자전거 지하철 택시	갈아타다 내리다 타다	고속버스 터미널 기차역 버스 정류장 지하철역		
14과	구두 모자 바지 셔츠 양복 운동화 원피스 치마 / 스커트 코트	신다 쓰다 입다	크다 작다 길다 짧다 높다 낮다	비싸다 싸다 불편하다 편하다 두껍다 얇다	귀엽다 똑똑하다 멋있다 예쁘다 친절하다

문법

13과	V-(으)려고 하다	방학에 중국에 가**려고 해요**. 배고파서 빵을 먹**으려고 해요**.
	N에서 N까지	한국**에서** 중국**까지** 얼마나 걸려요? 학교**에서** 집**까지** 가까워요.
	V-아/어 주다	뭘 **사 줄까요**? – 케이크를 **사 주세요**. 저는 동생한테 책을 읽**어 줬어요**.
	N(으)로	경주**로** 여행을 갈 거예요. 앞**으로** 쭉 가세요.
14과	'ㄹ' 탈락	이 노래를 **아**세요? – 네, **압**니다. 어제 불고기를 만**드**셨어요? – 아니요, 내일 만**들** 거예요. 한국에서 미국까지 10시간쯤 걸려요. – 정말 **머**네요.
	A-(으)ㄴ N	따뜻한 커피를 마실까요? 요즘 짧**은** 치마가 유행이에요. 저는 재미있**는** 영화를 좋아해요.
	N한테[께]	누구**한테** 선물을 줄 거예요? – 동생**한테** 줄 거예요. 선생님**께** 이메일을 보내야 돼요.
	V-아/어 보세요	제주도에 한번 **가 보세요**. 정말 아름다워요. 이 차가 빠르고 좋아요. 한번 운전**해 보세요**. 그 책이 재미있어요. 유진 씨도 읽**어 보세요**.

2. 확인하기

알아보기

연습 알맞은 대답을 쓰세요.

1. 고향에 안 가요? → ____________________, 안 가요.
2. 오늘 안 바빠요? → ____________________, 바빠요.
3. 그 영화 안 무서워요? → ____________________, 안 무서워요.
4. 어제 숙제 없었어요? → ____________________, 있었어요.
5. 지하철 안 탔어요? → ____________________, 안 탔어요.
6. 영화 안 볼 거예요? → ____________________, 안 볼 거예요.
7. 수영 못해요? → ____________________, 잘해요.
8. 그 책 몰라요? → ____________________, 몰라요.
9. 여행 안 좋아해요? → ____________________, 아주 좋아해요.
10. 테니스 못 쳐요? → 네, ____________________.
11. 코트 안 입을 거예요? → 아니요, ____________________.
12. 이 노래 몰라요? → 아니요, ____________________.
13. 스티븐한테 전화 안 했어요? → 네, ____________________.
14. 그 사람 몰라요? → 네, ____________________.
15. 여자 친구 없어요? → 네, ____________________.
16. 아키라 씨 전화번호 몰라요? → 아니요, ____________________.
17. 히엔 씨 못 만났어요? → 네, ____________________.
18. 한국어 공부가 재미없어요? → 아니요, ____________________.

3. 평가하기

제한 시간 15분　　내 점수 :　　　/ 20

[1–3]　그림을 보고 (　　　)에 알맞은 것을 고르세요.

1. A : 경주까지 어떻게 갈 거예요?
   B : (　　　　　　)를 타고 갈 거예요.

① 배
② 기차
③ 버스
④ 택시

2. A : 어제 뭘 샀어요?
   B : (　　　　　　)을/를 샀어요.

① 바지
② 셔츠
③ 치마
④ 코트

3. A : 근처에 (　　　　　　)이/가 있어요?
   B : 네, 있어요.

① 공항
② 신호등
③ 지하철역
④ 버스 정류장

[4-7] 밑줄 친 부분과 반대되는 뜻을 가진 것을 고르세요.

4. A : 책이 두꺼워요?
   B : 아니요, (   ).

   ① 쉬워요　② 얇아요　③ 귀여워요　④ 무거워요

5. A : 동생도 키가 커요?
   B : 아니요, (   ).

   ① 낮아요　② 많아요　③ 작아요　④ 짧아요

6. A : 고속버스 터미널이 가깝지요?
   B : 아니요, (   ).

   ① 높아요　② 멀어요　③ 예뻐요　④ 편해요

7. A : 그 구두 편해요?
   B : 아니요, 좀 (   ).

   ① 똑똑해요　② 복잡해요　③ 불편해요　④ 중요해요

[8-10] (   )에 알맞은 것을 고르세요.

8. 날씨가 추워서 모자를 (   ).

   ① 썼어요　② 내렸어요　③ 신었어요　④ 입었어요

9. (   ) 사람을 좋아하세요?

   ① 누구　② 무슨　③ 어떤　④ 어떻게

10. 히엔 씨는 숙제를 (   ) 안 했어요.

   ① 꼭　② 푹　③ 아직　④ 이따

[11–13] (　　　)에 알맞은 것을 고르세요.

11. A : 어느 나라 사람이세요?
B : 일본(　　　　) 왔어요.

① 에　② 까지　③ 부터　④ 에서

12. A : 이 버스가 시청(　　　　) 가요?
B : 아니요, 안 가요.

① 에서　② 으로　③ 하고　④ 한테

13. A : 지금 뭐 해요?
B : 아버지(　　　　) 편지 쓰고 있어요.

① 께　② 로　③ 에　④ 까지

[14–16] (　　　)에 알맞은 것을 고르세요.

14. A : 내일 데이트에 뭘 입고 갈 거예요?
B : 원피스를 (　　　　).

① 입었어요　② 입고 있어요
③ 입지 마세요　④ 입으려고 해요

15. A : 주말에 책을 읽으려고 해요. 무슨 책을 읽을까요?
B : 이 책이 재미있어요. 이 책을 한번 (　　　　).

① 읽을까요　② 읽어 보세요
③ 읽지 마세요　④ 읽으려고 해요

16. A : 어떤 운동화를 찾으세요?
B : 편하고 (　　　　) 운동화를 사려고 해요.

① 가벼운　② 가볍고
③ 가벼워서　④ 가볍지만

[17-18] 다음을 읽고 질문에 답하세요.

A : 어서 오세요. 어디로 갈까요?
B : 서울역으로 가 주세요. 서울역까지 (㉠) 걸려요?
A : 5분쯤 걸려요.
⋮
B : 저기 신호등 앞에서 ㉡세워 주세요.
A : 네, 알겠습니다. 2,400원입니다.
B : 여기 있어요. 감사합니다.

17. ㉠에 알맞은 것을 고르세요.

① 몇 시 ② 언제 ③ 어떻게 ④ 얼마나

18. ㉡과 바꿔 쓸 수 있는 말을 고르세요.

① 가 주세요 ② 타 주세요
③ 내려 주세요 ④ 기다려 주세요

[19-20] 다음을 읽고 질문에 답하세요.

A : 스커트 좀 보여 주세요.
B : 이 스커트 어떠세요? 한번 입어 보세요.
A : 네, 주세요.
⋮
B : 어떠세요? 예쁘지요?
A : 네, 예쁘지만 저한테 좀 (㉠).
B : 긴 스커트 안 좋아하세요?
A : (㉡), 긴 스커트를 잘 안 입어요. 좀 짧은 스커트는 없어요?
B : (㉢), 있어요. 잠깐만 기다리세요.

19. ㉠에 알맞은 것을 고르세요.

① 기네요 ② 높네요 ③ 짧네요 ④ 크네요

20. ㉡, ㉢에 각각 들어갈 말로 알맞게 짝지어진 것을 고르세요.

① 네 - 네 ② 네 - 아니요
③ 아니요 - 네 ④ 아니요 - 아니요

발음 Pronunciation

1. 정리하기

1. 역 이름의 발음에 주의하세요.
Pay attention to the pronunciation of the following station names.

① 역 이름에 받침 'ㄹ'이 있는 경우에는 '역'에 [ㄹ]을 넣어 발음합니다.
When the name of a station ends with the final consonant 'ㄹ', '역' is pronounced as [력].
예] 서울**역**[서울력] / 잠실**역**[잠실력] / 고속터미널**역**[고속터미널력]

② 역 이름에 'ㄹ' 이외의 받침이 있는 경우에는 [ㄴ]을 넣어 발음합니다.
When the name of a station ends with a final consonant other than 'ㄹ', '역' is pronounced as [녁].
예] 동대문**역**[동대문녁] / 강남**역**[강남녁] / 시청**역**[시청녁]

2. 겹받침의 발음에 주의하세요.
Pay attention to the pronunciation of double final consonants.

① 겹받침은 둘 중 하나의 자음만 발음됩니다.
Only one of the double final consonants is pronounced as the representative sound for the pair.
예] **앉**지만[안찌만] / **읽**습니다[익씁니다] / **짧**고[짤꼬] / **없**고[업꼬]

② 받침 'ㄺ'은 뒤에 'ㄱ'이 오면 [ㄹ]로 발음됩니다.
When the final double consonant 'ㄺ' is followed by 'ㄱ', 'ㄺ' is pronounced as [ㄹ].
예] **읽**고[일꼬]

2. 평가하기

track 12

[1–5] 잘 듣고 '역'의 발음이 같으면 O, 다르면 X 하세요.

[보기] 교대역 – 성수역 (O) / 교대역 – 사당역 (X)
[역] [역] [역] [녁]

1. 시청역 – 봉천역 ( )
2. 고속터미널역 – 잠실역 ( )
3. 서울대입구역 – 삼성역 ( )
4. 이태원역 – 강남역 ( )
5. 이대역 – 신도림역 ( )

[6–10] 잘 듣고 맞는 것에 √ 하세요.

	①	②
[보기] 여덟		√
6. 앉고		
7. 짧지만		
8. 읽습니다		
9. 맑고		
10. 없습니다		

듣기 Listening

track 13

내 점수 : / 20

[1–3] 잘 듣고 알맞은 것을 고르세요.

1. 동생은 눈이 ( ).

① 작아요 ② 적어요 ③ 주어요 ④ 찾아요

2. 그 사람은 정말 ( ).

① 맛있어요 ② 먹었어요 ③ 멋있어요 ④ 몰랐어요

3. 조금만 ( ) 주세요.

① 가려 ② 드려 ③ 들어 ④ 기다려

[4–8] 잘 듣고 알맞은 대답을 고르세요.

4. ① ② ③ ④

5. ① ② ③ ④

6. ① ② ③ ④

7. ① ② ③ ④

8. ① ② ③ ④

[9–10] 여기는 어디입니까? 잘 듣고 알맞은 것을 고르세요.

9. ① 배 안　　② 기차 안　　③ 버스 안　　④ 지하철 안

10. ① 극장　　② 기차역　　③ 박물관　　④ 여행사

[11–12] 무엇에 대해 이야기합니까? 잘 듣고 알맞은 것을 고르세요.

11. ① 모자　　② 코트　　③ 목걸이　　④ 목도리

12. ① 기차　　② 스키　　③ 비행기　　④ 자전거

[13–15] 다음 대화를 듣고 알맞은 그림을 고르세요.

13.

①

②

③

④

14.

①

②

③

④

15.

[16-18] 잘 듣고 대화 내용과 같은 것을 고르세요.

16. ① 여자는 버스를 탔어요.
② 코엑스몰까지 15분쯤 걸려요.
③ 여자와 남자는 같이 코엑스몰에 가요.
④ 길이 복잡해서 여자는 지하철을 타려고 해요.

17. ① 남자는 요즘 극장에 자주 가요.
② 남자는 무서운 영화를 안 좋아해요.
③ 여자는 바빠서 이번 주말에 영화를 못 봐요.
④ 여자와 남자는 함께 무서운 영화를 보려고 해요.

18. ① 남자는 여자의 오빠예요.
② 남자는 여동생의 귀걸이를 샀어요.
③ 귀걸이는 여자 친구의 생일 선물이에요.
④ 인기 있는 귀걸이라서 값을 깎아 줬어요.

[19-20] 잘 듣고 질문에 답하세요.

19. ① 배표가 싸서
② 배를 좋아해서
③ 비행기 표를 못 사서
④ 사람들이 배를 많이 타서

20. ① 남자는 인천으로 여행을 가려고 해요.
② 여자는 제주도까지 배를 타려고 해요.
③ 인천에서 제주도까지 배로 2시간쯤 걸려요.
④ 요즘 사람들이 제주도로 여행을 많이 가요.

읽기와 쓰기 Reading and Writing

제한 시간 15분 | 내 점수 : / 20

[1–2] 다음을 읽고 관계있는 것을 고르세요.

1. 운동화

① 
② 
③ 
④ 

2. 배

① 

② 
③ 
④ 

[3–5] ( )에 들어갈 가장 알맞은 말을 고르세요.

3. 버스를 타려고 합니다. ( )에 갑니다.

① 공항　② 기차역　③ 정류장　④ 지하철역

4. 날씨가 추워요. 그래서 코트를 ( ).

① 썼어요　② 했어요　③ 신었어요　④ 입었어요

5. 높은 구두를 신었어요. 발이 ( ).

① 얇아요　② 작아요　③ 귀여워요　④ 불편해요

[6-7] 두 문장을 한 문장으로 만든 것으로 알맞은 것을 고르세요.

6. 꽃을 샀습니다. 여자 친구에게 줍니다.

① 꽃을 사서 여자 친구에게 줍니다.
② 꽃을 샀고 여자 친구에게 줍니다.
③ 꽃을 샀지만 여자 친구에게 줍니다.
④ 꽃을 사려고 하고 여자 친구에게 줍니다.

7. 수영을 할 거예요. 저녁 식사를 할 거예요.

① 수영을 하고 저녁 식사를 해 보세요.
② 수영을 하고 저녁 식사를 해 주세요.
③ 수영을 하고 저녁 식사를 하려고 해요.
④ 수영을 하고 저녁 식사를 하고 있어요.

[8-9] 다음을 읽고 맞지 않는 것을 고르세요.

8.

① 이 기차는 부산으로 갑니다.
② 이 표는 팔월 십팔 일 표입니다.
③ 오후 다섯 시 사십 분에 타야 합니다.
④ 서울에서 부산까지 세 시간 걸립니다.

9.

① 여기에서 비행기를 탑니다.
② 밤 열 시에는 버스가 없습니다.
③ 김포공항까지 요금은 칠천오백 원입니다.
④ 여기에서 타서 인천공항으로 갑니다.

[10] **다음 글의 내용과 어울리지 않는 문장을 고르세요.**

> ① 저는 서울의 지하철을 좋아합니다. ② 지하철은 빨리 가고 요금이 쌉니다. ③ 그래서 서울의 길이 복잡합니다. ④ 그리고 겨울에는 따뜻하고 여름에는 시원합니다. ⑤ 여러분도 서울에서 지하철을 한번 타 보세요.

[11–13] **그림을 보고 알맞은 말을 쓰세요.**

11.

아이가 ______________________네요.

12.

서울에서 ______________________.

13.

민수는 ______________________.

[14–15] **대화를 읽고 알맞은 말을 쓰세요.**

14. 가 : 방학에 뭐 할 거예요?

나 : ______________________________________.

가 : 그래요? 저도 부산에 가려고 해요.

15. 가 : 매운 음식을 못 먹어요. 한국 식당에서 무슨 음식을 먹어야 돼요?

나 : ______________________________________.

가 : 그래요? 비빔밥은 안 매워요?

[16-18] 다음을 읽고 질문에 답하세요.

" "

안녕하세요? 저는 히샴이에요. 말레이시아에서 왔어요. 오늘 저는 여러분께 제 고향을 소개하려고 해요.

제 고향은 페낭이에요. 페낭은 섬이지만 긴 다리가 있어서 차를 타고 가요. 그 다리는 한국 회사가 만들었어요. 쿠알라룸푸르에서 페낭까지 4시간 걸려요.

페낭은 아름다운 바다도 있고 맛있는 음식도 많아요. (㉠) 사람들은 페낭을 좋아해요. 과일도 싸요. 여러분, 두리안을 먹어 봤어요? 정말 맛있는 과일이에요. 한번 먹어 보세요.

다음 주부터 방학이지요? 여러분은 방학에 무엇을 하려고 해요? 페낭에 가서 따뜻하고 재미있는 방학을 만들어 보세요.

16. 이 글의 제목으로 알맞은 것을 고르세요.
   ① 페낭에 가 보세요. ② 말레이시아는 따뜻해요.
   ③ 맛있는 과일을 사 주세요. ④ 쿠알라룸푸르에서 페낭까지 멀어요.

17. ㉠에 들어갈 알맞은 말을 고르세요.
   ① 그래서 ② 그러면 ③ 그런데 ④ 그렇지만

18. 이 글의 내용과 같은 것을 고르세요.
   ① 히샴의 고향은 쿠알라룸푸르예요. ② 두리안은 비싼 과일이에요.
   ③ 한국 회사가 다리를 만들었어요. ④ 페낭은 배를 타고 가야 돼요.

[19-20] 다음을 읽고 맞으면 O, 틀리면 X 하세요.

저는 멋있는 남자 친구가 있습니다. 제 남자 친구는 한국 사람이지만 우리는 캐나다에서 처음 만났습니다. 캐나다의 대학교에서 같이 영어를 공부했습니다.

제 남자 친구는 마음이 따뜻한 사람입니다. 제 한국어 숙제도 도와주고 저를 항상 걱정해 줍니다. 지난주 목요일은 제 생일이었습니다. 남자 친구가 예쁜 지갑도 사 주고 생일 축하 노래도 해 주었습니다. 저는 맛있는 음식을 만들어서 남자 친구와 같이 먹었습니다.

다음 주에 저는 남자 친구 부모님을 만날 겁니다. 그리고 우리는 내년에 결혼을 해서 캐나다로 여행을 가려고 합니다. 저는 제 남자 친구를 정말 사랑합니다.

19. 남자 친구가 선물을 사 주었습니다. ( )

20. 다음 주에 캐나다로 여행을 가려고 합니다. ( )

[21]　질문을 잘 읽고 200~300자로 글을 쓰세요.

남자 친구 / 여자 친구가 있습니까?

네 → 그 친구를 왜 좋아합니까?

아니요 ···› 그러면 어떤 남자 / 어떤 여자를 좋아합니까? 쓰세요.

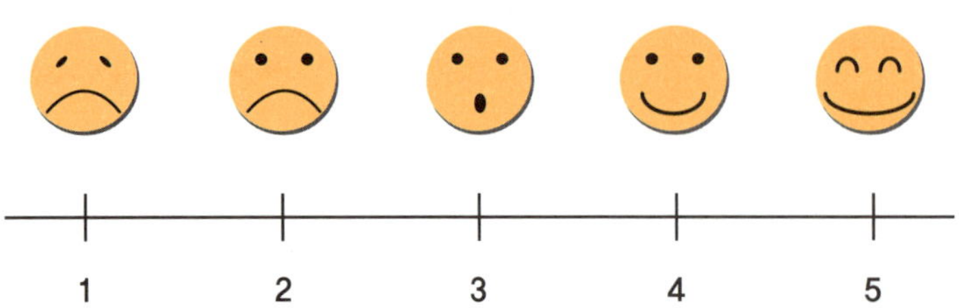

말하기 Speaking

[1] 그림을 보고 이야기를 만들어 보세요.

[2] 친구와 이야기해 보세요.

오늘 서울에서 첫 데이트를 하려고 합니다. 어느 식당에서 무슨 음식을 먹으면 좋은지, 식사 후에는 어디에 가면 좋은지 한국 친구에게 물어보세요.

Today you have a first date in Seoul. Ask a Korean friend which restaurant is good, what to order, and where to go after eating.

서울을 잘 모르는 외국 친구가 첫 데이트를 하려고 합니다. 그 친구에게 좋은 데이트 코스를 소개해 주세요.

Your foreign friend who is not familiar with Seoul is going to have a first date. Recommend some good places for a date.

무슨 옷?

어디?

무슨 음식?

식사하고 뭐?

Memo

15 여행을 가고 싶어요

I want to go on a trip

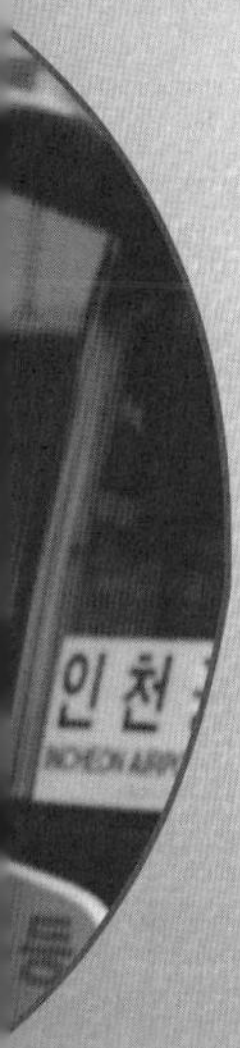

어 휘
- 여행
  Travel

문법과 표현
- A/V-(으)면
- V-는 N
- V-고 싶다
- V-고 싶어 하다

문형 연습

어 휘 Vocabulary

연 습 1

알맞은 것을 골라 대화를 완성하세요.
Complete the dialogues using the correct form of a verb from the box.

돈을 바꾸다	비행기 표를 예매하다	여권을 만들다	호텔을 예약하다

1) A : 내일 시간 있어요?
B : 미안해요. 내일은 바빠요.
__________아야/어야 돼서 사진도 찍고 시청*에도 가야 돼요.

2) A : 오늘 달러*가 싸네요. 오늘 __________을까요/ㄹ까요?
B : 좋아요. 수업 끝나고 같이 은행에 가요.

3) A : 월드여행사입니다. 뭘 도와드릴까요?
B : __________으려고/려고 해요. 8월 13일 아침 비행기 있어요?

4) A : 제주도에 가서 어디에서 잘 거예요?
B : 바다에서 가까운 __________았어요/었어요. 거기에서 잘 거예요.

연 습 2

그림을 보고 알맞은 것을 골라 문장을 완성하세요.
Look at the pictures and complete the sentences using the appropriate sentence from the box.

경치가 아름답다	구경거리가 많다	맛있는 음식이 많다	물건값이 싸다

1) 
서울은 __________아서/어서 좋아요.

2) 

남대문시장은 __________아서/어서 좋아요.

3) 
중국은 __________아서/어서 좋아요.

4) 
제주도는 __________아서/어서 좋아요.

시청 the City Hall　달러 dollar

연 습 3 그림을 보고 [보기]와 같이 대화를 완성하세요.

Look at the pictures and complete the dialogues as shown in the example.

[보기]

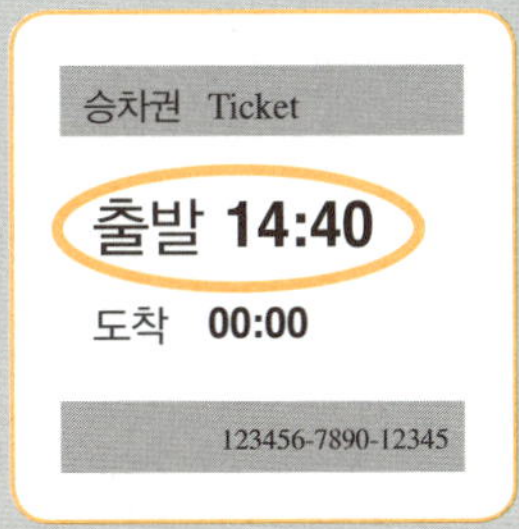

A : 이 기차는 언제 출발해요?

B : 오후 두 시 사십 분에 출발해요.

1)

A : 이 버스는 몇 시에 출발해요?

B : ______________________________.

2)

A : 이 기차는 대전에 몇 시에 도착해요?

B : ______________________________.

3)

A : 그 비행기는 몇 시에 출발해서 몇 시에 도착해요?

B : ______________________________.

4)

A : 방학에 어디를 여행했어요?

B : ______________________________.

5)

A : 언제 집에 돌아올 거예요?

B : ______________________________.

문법과 표현 Grammar and Expression

1. A/V-(으)면

연 습 1 다음과 같이 쓰세요.
Complete the table with the correct form of each word.

	-으면/면		-으면/면
나쁘다	나쁘면	가다	
복잡하다		끝나다	
비싸다		만나다	
많다	많으면	오다	
없다		좋아하다	
있다		타다	
좋다		먹다	
덥다		받다	
맵다		만들다	
춥다		살다	

연 습 2 그림을 보고 [보기]와 같이 대화를 완성하세요.
Look at the pictures and complete the dialogues as shown in the example.

[보기] A : 주말에 뭐 할 거예요?

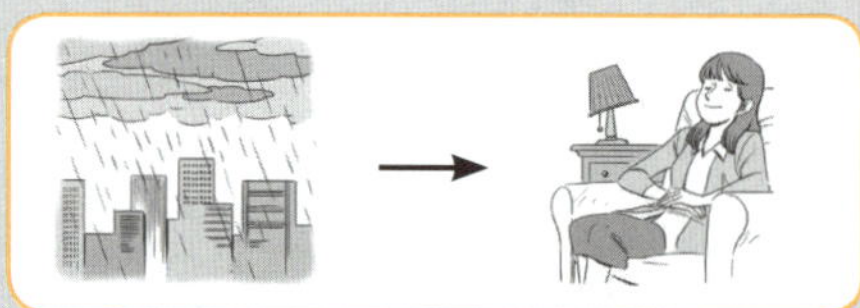

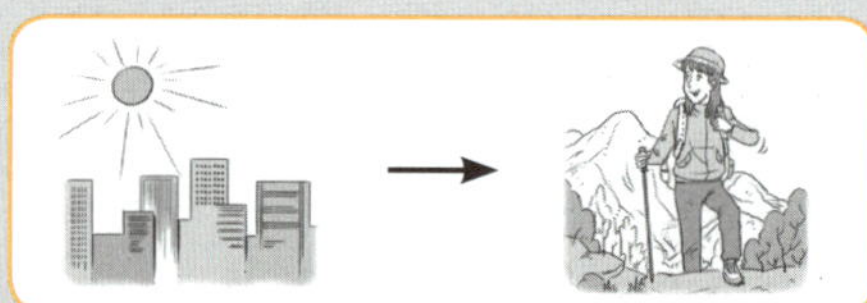

B : 비가 오면 집에서 쉬고, 비가 안 오면 등산을 갈 거예요.

1) A : 어디에서 저녁을 먹을 거예요?

B : ______________ 식당에서 먹고, ______________ 집에서 먹을 거예요.

2) A : 친구 만나서 뭐 해요?

B : ________________ 쇼핑을 하고, ________________ 공원에서 이야기해요.

3) A : 명동까지 어떻게 갈까요?

B : ________________ 지하철을 타고, ________________ 버스를 타고 가요.

4) A : 친구 생일에 무슨 선물을 사 줄까요?

B : ________________ 장미를 사고, ________________ 책을 사 주세요.

5) A : 커피숍에서 뭘 마셔요?

B : ____________ 따뜻한 녹차를 마시고, ______________ 아이스커피를 마셔요.

연 습 3 친구와 이야기해 보세요.

Ask each other questions and respond.

감기에 걸리면 어떻게 해야 돼요?

집에서 쉬어야 돼요.

기분이 나쁘면 어떻게 해요?

여자 친구 / 남자 친구가 약속 시간에 안 오면 어떻게 할 거예요?

식당에서 밥을 먹었어요.
그런데 돈이 없으면 어떻게 할 거예요?

2. V-는 N

연 습 1 다음과 같이 쓰세요.

Complete the table with the correct form of each word.

	-는		-는
가다	가는	듣다	
마시다		먹다	
보다		읽다	
쉬다		찍다	
자다		만들다	
이야기하다		살다	
전화하다		알다	
좋아하다		열다	

연 습 2 그림을 보고 [보기]와 같이 문장을 완성하세요.

Look at the picture and complete the passage as shown in the example.

〈지하철에는 어떤 사람들이 있어요?〉

여기는 지하철 안이에요. 지하철에는 사람들이 아주 많아요.

[보기] 지하철에는 신문을 보는 사람이 있어요. 1) ____________ 사람도 있어요.

2) ____________ 사람도 있고, 3) ____________ 사람도 있어요.

4) ____________ 사람도 있고, 5) ____________ 사람도 있어요.

그리고 6) ____________ 사람도 있어요. 지하철에는 사람이 정말 많아요.

연 습 3 그림을 보고 [보기]와 같이 대화를 완성하세요.

Look at the pictures and complete the dialogues as shown in the example.

[보기]

A : 나나 씨가 마시는 차는 뭐예요?

B : 녹차예요.

1) 

아키라

A : ______________________ 회사는 무슨 회사예요?

B : 여행사예요.

2) 

스티븐

A : ______________________ 사람은 누구예요?

B : 유진 씨예요.

3) 

지연

A : ______________________ 음식은 뭐예요?

B : 불고기예요.

연 습 4 [보기]와 같이 문장을 완성하세요.

Complete the sentences as shown in the example.

[보기] 한국 사람들은 김치를 매일 먹어요.

→ 김치는 한국 사람들이 매일 먹는 음식이에요.

1) 저는 이 식당에 자주 와요.

→ 여기는 ______________________________________ 식당이에요.

2) 스티븐 씨는 서울대학교에서 공부해요.

→ 서울대학교는 ________________________________ 학교예요.

3) 한국 사람들은 이 노래를 아주 좋아해요.

→ 이 노래는 __________________________________ 노래예요.

3. V-고 싶다

연 습 1 그림을 보고 [보기]와 같이 문장을 완성하세요.
Look at the pictures and create the sentences as shown in the example.

[보기]

아이스크림을 먹고 싶어요.

1)

______________________.

2)

______________________.

3)

______________________.

4)

______________________.

5)

______________________.

6)

______________________.

연 습 2 그림을 보고 [보기]와 같이 대화를 완성하세요.

Look at the pictures and complete the dialogues as shown in the example.

[보기]

A : 이번 휴가에 뭐 하고 싶어요?

B : 여행을 하고 싶어요.

1)

A : 이번 방학에 뭐 하고 싶어요?

B : ______________________________.

2)

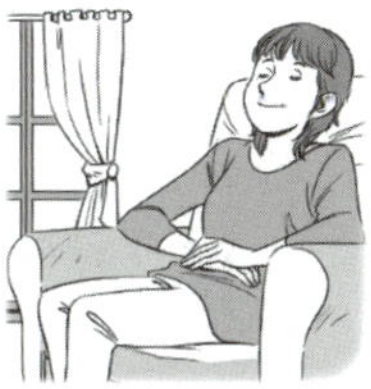

A : 이번 휴가에 뭐 하고 싶어요?

B : ______________________________.

3)

A : 이번 주말에 뭐 하고 싶어요?

B : ______________________________.

연 습 3 그림을 보고 [보기]와 같이 대화를 완성하세요.

Look at the pictures and complete the dialogues as shown in the example.

[보기]

A : 어제 영화를 봤어요?

B : 아니요, 보고 싶었지만 표가 없어서 못 봤어요.

1)

A : 어제 등산을 했어요?

B : 아니요, ______________________________.

2)

A : 백화점에서 옷을 샀어요?

B : 아니요, ______________________________.

3)

A : 어제 친구를 만났어요?

B : 아니요, ______________________________.

4. V-고 싶어 하다

연 습 1 그림을 보고 [보기]와 같이 문장을 완성하세요.
Look at the pictures and complete the sentences as shown in the example.

[보기]

켈리 씨는 쉬고 싶어 해요.

1)

샤오밍 씨는 ____________________.

2)

마리코 씨는 ____________________.

3)

나나 씨는 ____________________.

연 습 2 그림을 보고 [보기]와 같이 대화를 완성하세요.
Look at the pictures and complete the dialogues as shown in the example.

[보기]

먹다

A : 케이크 사세요?

B : 네, 아이가 케이크를 먹고 싶어 해요.

1)

놀다

A : 공원에 가세요?

B : 네, 아이가 ____________________.

2)

자다

A : 집에 가세요?

B : 네, 아이가 ____________________.

3)

타다

A : 자전거 사세요?

B : 네, 아이가 ____________________.

연 습 3

그림을 보고 [보기]와 같이 문장을 완성하세요.

Look at the pictures and create the sentences as shown in the example.

[보기]

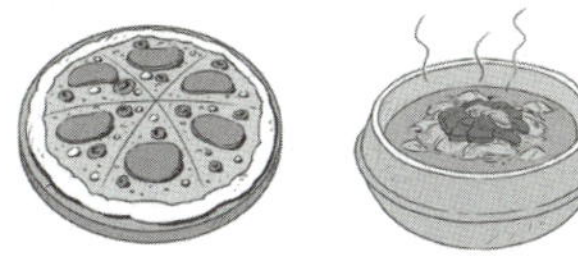

나　　　남편

나는 피자를 먹고 싶지만

남편은 김치찌개를 먹고 싶어 해요.

1)

나　　　남자 친구

____

______________________________.

2)

나　　　여자 친구

____

______________________________.

3)

나　　　남편

____

______________________________.

4)

나　　　아버지

____

______________________________.

연 습 4

알맞은 것을 고르세요.

Choose the correct phrase.

1) 오늘이 제 생일이에요. 생일 선물을 많이 (받고 싶어요 / 받고 싶어 해요).

2) 그 식당이 정말 맛있었어요. 다음에 또 (가고 싶어요 / 가고 싶어 해요).

3) 정우 씨는 동생한테 크리스마스 선물을 (주고 싶어요 / 주고 싶어 해요).

4) 저는 지금 아주 피곤해요. 그래서 커피를 (마시고 싶어요 / 마시고 싶어 해요).

5) 부모님은 서울 시내를 (구경하고 싶으세요 / 구경하고 싶어 하세요).

문형 연습 Pattern Practice

track 14

연습 1

[보기] 선생님 (T) 날씨가 좋다, 산에 가다
학　생 (S) 날씨가 좋으면 산에 갈 거예요.

1. T 방학을 하다, 고향에 가다
   S ______________________________.
2. T 비행기 표가 없다, 기차를 타다
   S ______________________________.
3. T 시험이 끝나다, 집에서 쉬다
   S ______________________________.
4. T 돈이 많다, 여행하다
   S ______________________________.

연습 2

[보기] 선생님 (T) 유진 씨는 무슨 과일을 좋아해요?
학　생 (S) (사과) 유진 씨가 좋아하는 과일은 사과예요.

1. T 스티븐 씨는 무슨 차를 마셔요?
   S (녹차) ______________________________.
2. T 나나 씨는 무슨 음식을 먹어요?
   S (불고기) ______________________________.
3. T 민수 씨는 무슨 운동을 배워요?
   S (수영) ______________________________.
4. T 줄리앙 씨는 무슨 노래를 들어요?
   S (한국 노래) ______________________________.

연습 3

[보기] **선생님** (T) 누구를 만나고 싶어요?
학 생 (S) (어머니) 저는 어머니를 만나고 싶어요.

1. T 뭘 마시고 싶어요?
   S (커피) ______________________________.
2. T 어디로 여행을 가고 싶어요?
   S (제주도) ______________________________.
3. T 뭘 먹고 싶어요?
   S (냉면) ______________________________.
4. T 뭘 잘하고 싶어요?
   S (한국어) ______________________________.

연습 4

[보기] **선생님** (T) 마리코 씨는 뭘 하고 싶어 해요?
학 생 (S) (영화, 보다) 마리코 씨는 영화를 보고 싶어 해요.

1. T 샤오밍 씨는 뭘 하고 싶어 해요?
   S (농구, 하다) ______________________________.
2. T 정우 씨는 뭘 하고 싶어 해요?
   S (책, 읽다) ______________________________.
3. T 켈리 씨는 뭘 하고 싶어 해요?
   S (인사동, 가다) ______________________________.
4. T 아키라 씨는 뭘 하고 싶어 해요?
   S (집, 쉬다) ______________________________.

16 우리 집에 올 수 있어요?

Can you come to my house?

어 휘

- 모임
  Gathering
- 부사
  Adverb

문법과 표현

- V–(으)ㄹ 수 있다[없다]
- V–(으)ㄹ게요
- V–(으)러 가다[오다]
- V–(으)면서

문형 연습

어 휘 Vocabulary

연 습 1 알맞은 것을 골라 문장을 완성하세요.

Complete each sentence using the appropriate word from the box.

식사하다	선물하다	축하하다	초대하다	계획하다

어제는 유진 씨 생일이었어요. 스티븐 씨는 유진 씨 생일 파티를 준비했어요.

스티븐 씨는 유진 씨의 생일 파티를

1) ______________________.

그리고 친구들을 파티에

2) ________________.

친구들은 유진 씨의 생일을

3) ________________.

스티븐 씨는 유진 씨한테 귀걸이를

4) ____________________.

그리고 친구들하고 같이

5) ____________________.

연 습 2 빈칸에 알맞은 단어를 쓰세요.

Complete each sentence using the appropriate adverb from the box.

일찍	늦게	조금	많이	빨리	천천히	잘	열심히

[보기]

다음 주에 시험이 있어요.

열심히 공부하세요.

1) 

내일은 아침 운동을 가야 돼요.

그래서 ______________ 일어날 거예요.

2) 

어젯밤에 파티가 있었어요.

그래서 집에 ______________ 왔어요.

3) 

지금은 배가 안 고파요.

밥을 ______________ 주세요.

4) 

눈이 많이 와서 위험해요*.

______________ 오세요.

5) 

1급 듣기 시험*입니다.

______________ 듣고 쓰세요.

연습 3 알맞은 것을 고르세요.

Choose the correct adverb in each of the following sentences.

1) 한국에는 산이 (많은 / 많이) 있어요.

2) 어제 모임에 가서 (많은 / 많이) 친구를 만났어요.

3) 어제 시험 공부를 했어요. 그래서 (늦는 / 늦게) 잤어요.

4) 매일 학교에 (늦는 / 늦게) 사람은 웨이 씨예요.

5) 시간이 없어요. (빠른 / 빨리) 걸으세요.

6) 숙제를 (빠른 / 빨리) 하는 사람은 히엔 씨예요.

위험하다 to be dangerous 듣기 시험 listening test

문법과 표현 Grammar and Expression

1. V-(으)ㄹ 수 있다[없다]

연 습 1 다음과 같이 쓰세요.
Complete the table with the correct form of each verb.

	-을/ㄹ 수 있어요		-을/ㄹ 수 있어요
가다	갈 수 있어요	먹다	
오다		읽다	
수영하다		걷다	
운전하다		듣다	
치다		만들다	
쓰다		살다	

연 습 2 그림을 보고 [보기]와 같이 대화를 완성하세요.
Look at the pictures and complete the dialogues as shown in the example.

[보기]

A : 피아노를 칠 수 있어요?
B : 네, 칠 수 있어요.

A : 피아노를 칠 수 있어요?
B : 아니요, 못 쳐요.

1)

A : ______________________?
B : 네, ______________________.

2)

A : ______________________?
B : 아니요, ______________________.

3) 

A : ______________________________?

B : ______________________________.

4) 

A : ______________________________?

B : ______________________________.

연 습 3 그림을 보고 [보기]와 같이 대화를 완성하세요.
Look at the pictures and complete the dialogues as shown in the example.

[보기]

다리가 아프다

A : 내일 산에 갈 거예요?

B : 아니요, 다리가 아파서 갈 수 없어요.

1) 
일이 많다

A : 오늘 친구를 만날 거예요?

B : 아니요, ______________________________.

2) 
어렵다

A : 한국 신문을 읽어 보세요.

B : 읽고 싶지만 ______________________________.

3) 
길이 복잡하다

A : 차들이 왜 빨리 못 가요?

B : ______________________________.

4) 
맥주를 마시다

A : 어제는 왜 운전 안 했어요?

B : ______________________________.

5) 
피곤하다

A : 오늘 아침에 일찍 일어났어요?

B : 아니요, ______________________________.

2. V-(으)ㄹ게요

연 습 1 다음과 같이 쓰세요.

Complete the table with the correct form of each verb.

	-을게요/ㄹ게요
가다	갈게요
보다	
노래하다	
쓰다	
먹다	
읽다	
듣다	
만들다	

연 습 2 그림을 보고 [보기]와 같이 대화를 완성하세요.

Look at the pictures and complete the dialogues as shown in the example.

[보기]

A : 도착하면 전화하세요.

B : 네, 전화할게요.

1)

A : 고향에 가면 편지 쓰세요.

B : 네, ____________________.

2)

A : 내일부터 일찍 일어나세요.

B : 네, ____________________.

3)

A : 책을 많이 읽으세요.

B : 네, ____________________.

4)

A : 한국어를 열심히 공부하세요.

B : 네, ____________________.

연 습 3 친구들하고 같이 여행을 가려고 해요. 그림을 보고 [보기]와 같이 대화를 완성하세요.

You are going to travel with your friends. Look at the pictures and complete the dialogues as shown in the example.

[보기]

샤오밍 : 누가 기차표를 예매할 거예요?

스티븐 : 제가 예매할게요.

1)

샤오밍 : 누가 호텔을 예약할 거예요?

나 나 : ______________________.

2)

샤오밍 : 누가 지도를 준비할 거예요?

줄리앙 : ______________________.

3)

샤오밍 : 여행을 가서 누가 사진을 찍을 거예요?

아키라 : ______________________.

4)

샤오밍 : 우리 기차에서 김밥을 먹을까요?
누가 김밥을 만들 거예요?

마리코 : ______________________.

연 습 4 알맞은 것을 골라 대화를 완성하세요.

Complete the dialogues using the appropriate form from the box.

-을게요/ㄹ게요	-을/ㄹ 거예요

1) 유 진 : 누가 커피를 살 거예요?

정 우 : (켈리 씨) 켈리 씨가 살 거예요.

2) 유 진 : 정우 씨, 제 숙제를 언제 도와줄 거예요?

정 우 : (오늘 오후) ______________________.

3) 유 진 : 파티에서 누가 노래할 거예요?

정 우 : (스티븐 씨) ______________________.

4) 유 진 : 정우 씨, 우리 집에 몇 시까지 올 수 있어요?

정 우 : (8시) ______________________.

5) 유 진 : 나나 씨한테 빨리 연락해야 돼요. 누가 연락할 거예요?

정 우 : (저) ______________________.

3. V-(으)러 가다[오다]

연 습 1 다음과 같이 쓰세요.

Complete the table with the correct form of each verb.

	-으러/러 가요		-으러/러 가요
만나다	만나러 가요	먹다	
배우다		읽다	
사다		찍다	
쉬다		걷다	
자다		듣다	
구경하다		놀다	
운동하다		만들다	

연 습 2 그림을 보고 [보기]와 같이 문장을 완성하세요.

Look at the pictures and complete the sentences as shown in the example.

[보기]

식당에 __밥 먹으러__ 가요.

1)

백화점에 ______________ 가요.

2)

공원에 ______________ 가요.

3)

도서관에 ______________ 가요.

4)

우리 집에 ______________ 오세요.

5)

______________ 왔어요.

연 습 3 그림을 보고 [보기]와 같이 대화를 완성하세요.

Look at the pictures and complete the dialogues as shown in the example.

[보기]

A : 주말에 뭐 했어요?

B : 명동에 갔어요.

A : 명동에는 왜요?

B : 쇼핑하러 갔어요.

1)

A : 주말에 뭐 했어요?

B : 청계천에 갔어요.

A : 청계천에는 왜요?

B : ______________________.

2)

A : 주말에 뭐 했어요?

B : 켈리 씨 집에 갔어요.

A : 켈리 씨 집에는 왜요?

B : ______________________.

3)

A : 오늘 오후에 뭐 해요?

B : 인사동에 가요.

A : 인사동에는 왜요?

B : ______________________.

4)

A : 이번 주말에 뭐 할 거예요?

B : 부산에 갈 거예요.

A : 부산에는 왜요?

B : ______________________.

5)

A : 금요일에 뭐 할 거예요?

B : '한국의 집'에 갈 거예요.

A : '한국의 집'에는 왜 가요?

B : ______________________.

4. V-(으)면서

연 습 1 다음과 같이 쓰세요.

Complete the table with the correct form of each verb.

	-으면서/면서		-으면서/면서
기다리다	기다리면서	먹다	
마시다		씻다	
보다		읽다	
쓰다		입다	
치다		걷다	
운동하다		듣다	
전화하다		만들다	

연 습 2 그림을 보고 [보기]와 같이 문장을 완성하세요.

Look at the pictures and create the sentences as shown in the example.

[보기]

밥을 먹으면서 텔레비전을 봐요.

1)

_________________________.

2)

_________________________.

3)

_________________________.

4)

_________________________.

5)

_________________________.

연 습 3 그림을 보고 [보기]와 같이 대화를 완성하세요.

Look at the pictures and complete the dialogues as shown in the example.

[보기]

A : 줄리앙 씨는 지금 뭐 해요?

B : 기타 치면서 노래하고 있어요.

1) 

A : 나나 씨한테 무슨 일 있어요?

B : 왜요?

A : 지금 ____________________고 있어요.

2) 

A : 한국 드라마 자주 봐요?

B : 네, 한국 드라마를 좋아해서

매일 ____________________.

3) 

A : 요즘 많이 피곤하지요?

B : 네, ____________________야 돼서

조금 피곤해요.

연 습 4 그림을 보고 [보기]와 같이 대화를 완성하세요.

Look at the pictures and complete the dialogues as shown in the example.

[보기]

A : 유진 씨, 켈리 씨 만났어요?

B : 네, 아까 학교 오면서 만났어요.

1) 

A : 민수 씨, 요즘 바빠요?

B : 네, 일이 너무 많아요.

아까 점심시간에도 ____________________.

2) 

A : 샤오밍 씨, 주말에 뭐 했어요?

B : 집에서 ____________________.

3) 

A : 히엔 씨, 이번 방학에 뭐 할 거예요?

B : 커피숍에서 ____________________.

문형 연습 Pattern Practice

track 15

연습 1

[보기] **선생님** (T) 피아노를 칠 수 있어요?
학　생 (S) (네) 네, 칠 수 있어요.
(아니요) 아니요, 못 쳐요.

1. T 내일 저녁에 만날 수 있어요?
   S (네) ______________________________.
2. T 한국어를 가르칠 수 있어요?
   S (아니요) ______________________________.
3. T 일본어를 읽을 수 있어요?
   S (네) ______________________________.
4. T 김치를 만들 수 있어요?
   S (아니요) ______________________________.

연습 2

[보기] **선생님** (T) 누가 생일 파티를 준비할 거예요?
학　생 (S) 제가 준비할게요.

1. T 누가 선물을 살 거예요?
   S ______________________________.
2. T 누가 친구들한테 연락할 거예요?
   S ______________________________.
3. T 누가 파티 준비를 도와줄 거예요?
   S ______________________________.
4. T 누가 케이크를 만들 거예요?
   S ______________________________.

연 습 3

[보기]　**선생님** (T)　도서관, 숙제를 하다
　　　　학　생 (S)　도서관에 숙제를 하러 가요.

1. T　명동, 옷을 사다

   S　______________________________.

2. T　커피숍, 친구를 만나다

   S　______________________________.

3. T　은행, 돈을 찾다

   S　______________________________.

4. T　친구 집, 놀다

   S　______________________________.

연 습 4

[보기]　**선생님** (T)　저녁을 먹었어요, 텔레비전을 봤어요
　　　　학　생 (S)　저녁을 먹으면서 텔레비전을 봤어요.

1. T　커피를 마셨어요, 이야기했어요

   S　______________________________.

2. T　샤워했어요, 노래했어요

   S　______________________________.

3. T　신문을 읽었어요, 버스를 기다렸어요

   S　______________________________.

4. T　음악을 들었어요, 숙제했어요

   S　______________________________.

복습 8

어휘와 문법 Vocabulary and Grammar

1. 정리하기

어휘

15과	돈을 바꾸다 비행기 표를 예매하다 여권을 만들다 호텔을 예약하다	도착하다 돌아오다 여행하다 출발하다	경치가 아름답다 구경거리가 많다 맛있는 음식이 많다 물건값이 싸다 사람도 없고 조용하다
16과	계획하다 선물하다 식사하다 연락하다 준비하다 초대하다 축하하다	늦게 많이 빨리 열심히 일찍 잘 조금 천천히	

문법

15과	A/V-(으)면	내일 비가 오**면** 집에서 쉴 거예요. 생일에 무슨 선물을 받**으면** 좋아요?
	V-는 N	요즘 한국어를 배우**는** 사람들이 많아요. 김치는 한국 사람들이 매일 먹**는** 음식이에요.
	V-고 싶다	오늘은 피곤해서 쉬**고 싶어요**. 어제 연극을 보**고 싶었지만** 못 봤어요.
	V-고 싶어 하다	켈리 씨는 운동화를 사**고 싶어 해요**. 제 동생은 불고기를 먹**고 싶어 해요**.
16과	V-(으)ㄹ 수 있다[없다]	스티븐 씨는 미국 사람이지만 한국말을 할 **수 있어요**. 배가 아파서 지금은 밥을 먹**을 수 없어요**.
	V-(으)ㄹ게요	내일은 일찍 오세요. – 네, 일찍 올**게요**. 이 약을 매일 드세요. – 네, 매일 먹**을게요**.
	V-(으)러 가다[오다]	백화점에 옷을 바꾸**러 가요**. 우리 집에 저녁 먹**으러 오세요**.
	V-(으)면서	운전하**면서** 전화하지 마세요. 책 읽**으면서** 기다리세요.

2. 확인하기

알아보기

 밥을 먹어요.	**그리고**	 물을 마셔요.
 비가 와요.	**그렇지만**	 우산이 없어요.
 날씨가 더워요.	**그래서**	 아이스크림을 먹었어요.
 오늘 날씨가 아주 덥네요.	**그런데**	 나나 씨는 왜 안 오지요?
 배가 고파요.	**그러면**	 이 빵을 드세요.

연습

(　　　　　)에 알맞은 말을 쓰세요.

1. 내일 시험이 있어요. (　　　　　) 오늘은 공부를 해야 돼요.
2. 불고기를 먹고 싶어요. (　　　　　) 돈이 없어요.
3. 내일은 친구를 만날 거예요. (　　　　　) 도서관에서 공부할 거예요.
4. 어제는 머리가 아팠어요. (　　　　　) 숙제를 못 했어요.
5. 음식이 아주 맛있네요. (　　　　　) 지금 몇 시예요?
6. 6시에 일어났어요. (　　　　　) 세수했어요.
7. A : 오늘은 시간이 없어요. 미안해요.
   B : (　　　　　) 내일 만날까요?
8. 저는 슬픈 영화를 좋아해요. (　　　　　) 친구는 재미있는 영화를 보고 싶어 해요.
9. A : 남자 친구 있어요?
   B : 글쎄요. (　　　　　) 오늘 숙제가 뭐예요?
10. A : 배가 아파요.
    B : (　　　　　) 병원에 가 보세요.

3. 평가하기

제한 시간 15분 | 내 점수 : / 20

[1−4] 그림을 보고 ( )에 알맞은 것을 고르세요.

1. A : 히엔 씨, 생일 ( ).
   B : 고마워요.

① 식사해요
② 연락해요
③ 준비해요
④ 축하해요

2. A : 오늘 새벽 5시에 일어났어요.
   B : 왜 ( ) 일어났어요?

① 늦게
② 많이
③ 일찍
④ 조금

3. A : 어디에 가요?
   B : ( ) 사러 가게에 가요.

① 약
② 빵
③ 음식
④ 음료수

4. A : 내일 우리집에 올 수 있어요?
   B : 아니요, 내일은 ( ).

① 춤춰야 돼요
② 이사해야 돼요
③ 청소해야 돼요
④ 빨래해야 돼요

[5-7] 밑줄 친 부분과 반대되는 뜻을 가진 것을 고르세요.

5. A : 빨리 갈게요. 잠깐만 기다리세요.
   B : (   ) 오세요. 안 늦었어요.
   ① 잘　　② 많이　　③ 열심히　　④ 천천히

6. A : 아침 많이 먹었어요?
   B : 아니요, 배가 안 고파서 (   ) 먹었어요.
   ① 참　　② 푹　　③ 빨리　　④ 조금

7. A : 기타를 잘 쳐요?
   B : 아니요, (   ) 쳐요.
   ① 꼭　　② 못　　③ 안　　④ 쭉

[8-10] 밑줄 친 부분과 같은 뜻을 가진 것을 고르세요.

8. A : 경치가 정말 예쁘네요.
   B : 네, 참 (   ).
   ① 귀여워요　　② 따뜻해요　　③ 즐거워요　　④ 아름다워요

9. A : 학생 식당에서 점심 먹었어요?
   B : 네, 학교에서 (   ).
   ① 드셨어요　　② 마셨어요　　③ 식사했어요　　④ 준비했어요

10. A : 몇 시에 출발했어요?
    B : 서울역에서 11시에 (   ) 기차를 탔어요.
    ① 떠나는　　② 도착하는　　③ 돌아오는　　④ 예매하는

[11–12] 밑줄 친 부분이 틀린 것을 고르세요.

11. ① 아침에 샤워하면서 노래합니다.
② 유진 씨는 팝콘을 먹으면서 영화를 봅니다.
③ 어머니가 책을 읽어 주시면서 아기가 잡니다.
④ 아키라 씨는 한국어를 공부하면서 회사에 다닙니다.

12. ① 사장님이 좋아하시는 음식은 불고기입니다.
② 켈리 씨가 마시는 커피는 에스프레소입니다.
③ 아키라 씨는 다니는 회사는 월드여행사입니다.
④ 한국 사람들이 자주 먹는 음식은 김치입니다.

[13–16] (   )에 알맞은 것을 고르세요.

13. A : 고향에 돌아가면 편지 쓰세요.
B : 네, (   ).
① 썼어요　② 쓸게요　③ 써 주세요　④ 쓸 수 있어요

14. A : 내일 아키라 씨를 만나요?
B : 아키라 씨 일이 일찍 (   ) 만날 거예요.
① 끝나는　② 끝나러　③ 끝나면　④ 끝나면서

15. A : 왜 한국에 왔어요?
B : (   ) 왔어요.
① 여행하고　② 여행하러
③ 여행하면　④ 여행해서

16. A : 마리코 씨가 이 김치를 만들었어요?
B : 네, 제가 요리책을 (   ) 만들었어요.
① 보러　② 봐서　③ 보면서　④ 봤지만

[17-18] 다음을 읽고 질문에 답하세요.

A : 뭘 먹을까요?
B : 날씨가 추워서 (㉠) 음식을 먹고 싶어요.
A : 그럼 갈비탕 먹으러 가요.
B : 아, 갈비탕을 먹어 봤어요?
A : 네, 룸메이트가 (㉡) 자주 먹었어요.

17. ㉠에 알맞은 것을 고르세요.
① 매운 ② 추운 ③ 따뜻한 ④ 똑똑한

18. ㉡에 알맞은 것을 고르세요.
① 먹으면 ② 먹으면서 ③ 먹고 싶어서 ④ 먹고 싶어 해서

[19-20] 다음을 읽고 질문에 답하세요.

A : 여보세요. 아키라 씨? 지금 어디예요? 집이에요?
B : 아니요, 차 안이에요.
A : 어, (㉠) 전화할 수 있어요?
B : 괜찮아요. 아직 출발 안 했어요.
무슨 일 있어요?
A : 내일 시험이 끝나면 파티를 하려고 해요. 올 수 있어요?
B : 그럼요. (㉡) 고마워요.

19. ㉠에 들어갈 말로 알맞은 것을 고르세요.
① 운전해서 ② 운전하면서
③ 운전했지만 ④ 운전할 수 있으면

20. ㉡에 알맞은 것을 고르세요.
① 계획해 줘서 ② 선물해 줘서 ③ 초대해 줘서 ④ 축하해 줘서

발음 Pronunciation

1. 정리하기

1. 받침소리 [ㄱ, ㄷ, ㅂ]은 뒤에 'ㄴ'이 오면 [ㅇ, ㄴ, ㅁ]으로 발음됩니다.
   When the final consonant sounds [ㄱ, ㄷ, ㅂ] are followed by 'ㄴ', they are pronounced as [ㅇ, ㄴ, ㅁ].

   예] 먹는[멍는] / 닫는[단는] / 재미있는[재미인는] / 춥네요[춤네요]

2. '–을/ㄹ' 뒤에 오는 'ㄱ, ㅅ'은 [ㄲ, ㅆ]으로 발음됩니다.
   When '–을/ㄹ' is followed by the initial consonants 'ㄱ, ㅅ', 'ㄱ, ㅅ' are pronounced as [ㄲ, ㅆ].

   예] 갈 **거**예요[갈꺼예요] / 할 **수** 있어요[할쑤이써요]

2. 평가하기

track 16

[1–6] 잘 듣고 맞는 것에 √ 하세요.

	①	②
[보기] 읽는		√
1. 듣는		
2. 입는		
3. 먹는		
4. 재미있네요		
5. 작네요		
6. 맵네요		

[7–11] 잘 듣고 소리와 글자가 다른 곳에 표시해 보세요.

[보기] [제가 할께요] → 제가 할게요.

7. 친구를 만날 거예요.
8. 제가 가게에 갈게요.
9. 수영을 할 수 있어요.
10. 김치를 만들 수 있어요?
11. A : 언제 영화를 볼까요?
    B : 내일 봐요. 제가 표를 예매할게요.

듣기 Listening

track 17 내 점수 : / 20

[1–2] 잘 듣고 알맞은 것을 고르세요.

1. 스티븐 씨가 (   ).

① 없네요 ② 읽네요 ③ 입네요 ④ 있네요

2. 혼자 (   )했어요.

① 여행 ② 예약 ③ 유학 ④ 유행

[3–8] 잘 듣고 알맞은 대답을 고르세요.

3. ① ② ③ ④

4. ① ② ③ ④

5. ① ② ③ ④

6. ① ② ③ ④

7. ① ② ③ ④

8. ① ② ③ ④

[9–11] 여기는 어디입니까? 잘 듣고 알맞은 것을 고르세요.

9. ① 약국 ② 은행 ③ 도서관 ④ 우체국

10. ① 공항 ② 극장 ③ 기차역 ④ 대사관

11. ① 집 ② 식당 ③ 호텔 ④ 노래방

[12–14] 무엇에 대해 이야기합니까? 잘 듣고 알맞은 것을 고르세요.

12. ① 일 ② 연락 ③ 회의 ④ 휴가

13. ① 돈 ② 표 ③ 여권 ④ 지도

14. ① 모임 ② 생일 ③ 이사 ④ 청소

[15–16] 다음 대화를 듣고 알맞은 그림을 고르세요.

15.

①

②

③

④

16.

[17–18] 잘 듣고 대화 내용과 같은 것을 고르세요.

17. ① 여자는 중국어를 잘해요.
② 여자의 친구는 신림동에 살아요.
③ 남자는 여자의 공부를 도와줄 거예요.
④ 여자가 친구한테 전화할 거예요.

18. ① 여자는 돈을 바꾸러 왔어요.
② 여자는 500달러가 없어서 돈을 못 바꿨어요.
③ 여자는 남자한테 여권을 보여 줬어요.
④ 여자는 내일 여권을 만들러 갈 거예요.

[19–20] 잘 듣고 질문에 답하세요.

19. ① 7월 2일 ② 7월 3일 ③ 7월 4일 ④ 7월 5일

20. ① 남자는 방을 예약하고 왔어요.
② 남자의 방에는 침대가 있어요.
③ 남자의 방에서는 바다를 볼 수 있어요.
④ 남자의 방은 809호입니다.

읽기와 쓰기 Reading and Writing

제한 시간 20분　　내 점수 :　　　/ 20

[1–2] 다음을 읽고 관계있는 것을 고르세요.

1. 여권

①

②

③

④

2.

① 학교 앞에서는 열심히 공부하세요.
② 학교 앞에서는 조금만 기다리세요.
③ 학교 앞에서는 빨리 운전하지 마세요.
④ 학교 앞에서는 크게 이야기하지 마세요.

[3–5] (　　　　)에 들어갈 가장 알맞은 말을 고르세요.

3. 다음 수요일은 제 생일입니다. 저는 친구들을 집으로 (　　　　　　) 함께 파티를 하려고 합니다.

① 계획해서　　② 식사해서　　③ 초대해서　　④ 축하해서

4. 주말에 우리 부모님께서 한국에 오십니다. 두 분은 토요일 오후 3시에 인천공항에 (　　　　　　) 비행기를 타실 것입니다.

① 도착하는　　② 연락하는　　③ 예매하는　　④ 출발하는

5. 오늘 수업이 끝나고 민수 씨를 만나려고 했습니다. 약속 시간은 저녁 일곱 시였습니다. 그런데 길이 안 복잡해서 저는 삼십 분 (　　　　) 갔습니다. 그래서 책을 읽으면서 민수 씨를 기다렸습니다.

① 잘　　② 늦게　　③ 많이　　④ 일찍

[6-7] 무엇에 대한 이야기입니까? 알맞은 것을 고르세요.

6. 다음 주에 한국어 수업이 끝나면 저는 친구들과 함께 수업이 끝나는 것을 축하할 거예요. 우리는 좋은 식당에서 맛있는 음식을 먹을 거예요. 샤오밍 씨는 케이크를 사 오고 켈리 씨는 음료수를 준비할 거예요.

① 외국 친구　② 좋은 식당　③ 축하 모임　④ 한국어 수업

7. 저는 태국으로 여행을 가려고 해요. 방콕으로 가는 비행기 표도 예매하고 호텔도 예약했어요. 오늘은 은행에 돈을 바꾸러 가야 돼요. 그리고 내일은 백화점에 가서 수영복하고 선글라스를 살 거예요.

① 방학 계획　② 여행 준비　③ 쇼핑 장소　④ 호텔 예약

[8-9] 다음을 읽고 맞지 않는 것을 고르세요.

8. 저는 태권도를 배우러 한국에 왔습니다. 처음 텔레비전에서 태권도를 하는 한국 사람들을 보고 멋있어서 정말 배우고 싶었습니다. 그런데 제 고향에는 태권도 선생님이 없어서 한국에 와야 했습니다. 지금 저는 태권도를 배우면서 한국어도 공부하고 있습니다. 태권도도 어렵고 한국어 공부도 어렵지만 열심히 배우고 있습니다. 고향에 돌아가면 우리 고향 사람들에게 태권도를 가르치고 싶습니다.

① 이 사람은 한국에 와서 태권도를 알았어요.
② 이 사람은 태권도를 배우고 싶어서 한국에 왔어요.
③ 이 사람은 태권도와 한국어를 모두 배우고 있어요.
④ 이 사람은 고향 사람들한테 태권도를 가르치려고 해요.

9. 지난 주말에 가족들과 함께 '한국 민속촌'에 갔습니다. 서울에서 민속촌까지 차를 타고 한 시간쯤 걸렸습니다. 거기에는 박물관도 있고 공원도 있고 공연장도 있었습니다. 우리는 여기저기 구경도 하고 한국 음식도 많이 사서 먹었습니다. 그런데 동생이 배가 아파서 빨리 돌아와야 했습니다. 그래서 재미있는 공연을 못 봤습니다. 다음에 시간이 있으면 민속촌에 또 가고 싶습니다.

① 서울에서 1시간쯤 가면 민속촌이 있어요.
② 민속촌에서 재미있는 공연을 볼 수 있어요.
③ 민속촌에는 한국 음식을 파는 식당이 있어요.
④ 동생이 공연을 싫어해서 서울로 빨리 돌아왔어요.

[10–11] [보기]와 같이 순서에 맞게 문장을 만드세요.

[보기]　아닙니다, 학생, 나는, 이 → 나는 학생이 아닙니다.

10. 여행을, 못, 가고, 바빠서, 하지만, 싶어, 가요

→ 켈리는 ______________________________.

11. 안, 없어요, 모임에, 시험이, 끝나서, 갈, 수

→ 아직 ______________________________.

[12–13] 대화를 읽고 알맞은 말을 쓰세요.

12. A : 이번 주말에 뭐 할 거예요?

B : ______________________.

A : 그럼 날씨가 안 좋으면 여행 안 갈 거예요?

B : 네, 집에서 쉴 거예요.

13. A : 어떻게 오셨어요?

B : ______________________.

A : 이 선생님하고 약속하셨어요?

B : 네. 약속했어요.

A : 그래요? 그럼 여기서 잠깐 기다리면 만날 수 있을 거예요.

[14–16] 알맞은 것을 골라 두 문장을 한 문장으로 만드세요.

–고	–아서/어서	–으면/면	–으면서/면서

14. 시간이 있어요. 같이 식사할까요?

→ ______________________________?

15. 마리코는 지금 숙제를 해요. 나나는 지금 책을 읽어요.

→ ______________________________.

16. 샤오밍은 지금 텔레비전을 봐요. 샤오밍은 지금 밥을 먹어요.

→ ______________________________.

[17-18] 다음을 읽고 질문에 답하세요.

작년 여름에 저는 제주도로 여행을 갔습니다. 제주도는 경치도 아름답고 맛있는 음식도 아주 많았습니다. 저는 차를 타고 음악을 (　　㉠　　) 바다 옆에 있는 길을 드라이브했습니다. 아름다운 경치를 보면서 좋아하는 음악을 들을 수 있어서 기분이 아주 좋았습니다. 요즘 회사에 일이 많아서 여행을 못 갔습니다. 여행을 하고 돌아오면 저는 더 열심히 일할 수 있습니다. 그래서 이번 주말에는 꼭 여행을 가려고 합니다.

17. ㉠에 들어갈 알맞은 말을 고르세요.
① 하고　　② 좋아해서　　③ 들으면서　　④ 배울 수 있으면

18. 이 글의 내용과 같은 것을 고르세요.
① 아직 제주도로 여행을 못 갔어요.
② 제주도에서 운전하면서 음악을 들었어요.
③ 요즘 음악을 못 들어서 기분이 안 좋아요.
④ 여행을 자주 가서 회사 일을 잘할 수 없어요.

[19-20] 다음을 읽고 맞으면 O, 틀리면 X 하세요.

저는 한국 드라마를 아주 좋아합니다. 좋아하는 드라마가 많지만 제가 가장 좋아하는 드라마는 '가을 이야기'입니다. 그 드라마의 이야기도 재미있지만 남자 주인공이 아주 멋있어서 좋아합니다. 저는 그 남자 주인공, 이지섭 씨에게 편지도 썼습니다. 그때는 한국어를 몰라서 영어로 편지를 썼습니다. 그런데 이지섭 씨는 저에게 편지를 보내 주었습니다. 저는 그 편지를 받고 이지섭 씨를 만나서 이야기를 하고 싶었습니다.

그래서 저는 지금 한국어를 공부합니다. 열심히 공부해서 이지섭 씨를 만나면 한국어로 이렇게 말할 겁니다. "이지섭 씨, 드라마 잘 보고 있어요. 정말 멋있어요. 사랑해요."

19. 이 사람은 남자 주인공을 만나서 편지를 줬어요. (　　　　)

20. 이 사람은 남자 주인공과 한국어로 이야기하고 싶어 해요. (　　　　)

[21] **질문을 잘 읽고 200~300자로 글을 쓰세요.**

여러분은 왜 한국어를 배워요? 한국어를 배워서 뭘 하고 싶어요? 쓰세요.

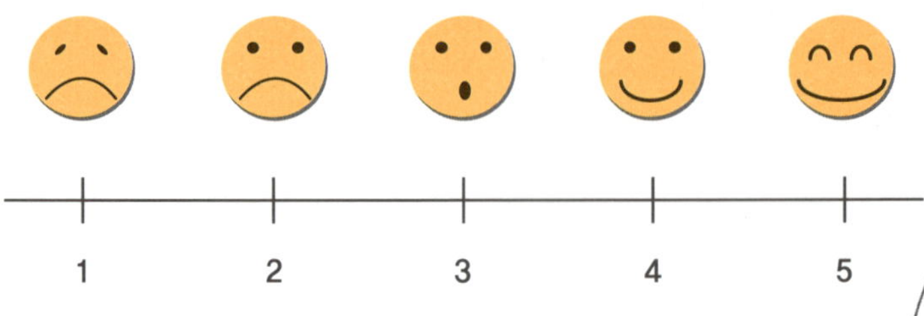

말하기 Speaking

[1] 그림을 보고 이야기를 만들어 보세요.

[2] 친구와 이야기해 보세요.

약속 시간에 늦어서 여자 친구가 화가 많이 났습니다. 왜 늦었는지 이야기하고 여자 친구의 화를 풀어 주세요.

Your girlfriend got mad because you were late for a date. Explain to her why you were late and try to pacify her.

남자 친구가 약속 시간에 1시간이나 늦었습니다. 요즘 남자 친구는 자주 약속 시간에 늦습니다. 왜 늦었는지 물어보고 앞으로 만나고 싶지 않다고 이야기해 보세요.

Your boyfriend was an hour late for a date. He is often late these days. Ask him why he was late and tell him you don't want to see him anymore.

Memo

듣기 지문 Listening Scripts

복습 5

[발음]
track 04 p.50

[6–11]

6. 몇 시[면씨]
7. 맵지만[맵찌만]
8. 삼십 분[삼십뿐]
9. 가볍고[가볍꼬]
10. 여섯 살[여섣쌀]
11. 밥도[밥또]

[듣기]
track 05 p.51

1. (언제) 가요?
2. 어서 (드세요).

3. ① 남 : 나나 씨, 이거 나나 씨 카메라예요?
여 : 네, 나나 씨 카메라예요.
② 남 : 나나 씨, 이거 나나 씨 카메라예요?
여 : 네, 그거는 카메라예요.
③ 남 : 나나 씨, 이거 나나 씨 카메라예요?
여 : 아니요, 제 카메라예요.
④ 남 : 나나 씨, 이거 나나 씨 카메라예요?
여 : 아니요, 제 카메라가 아니에요.

4. ① 여 : 이분은 누구세요?
남 : 아버지가 계세요.
② 여 : 이분은 누구세요?
남 : 우리 어머니세요.
③ 여 : 이분은 누구세요?
남 : 네, 우리 아버지세요.
④ 여 : 이분은 누구세요?
남 : 어머니가 미인이시네요.

5. ① 여 : 형이 무슨 일을 하세요?
남 : 네, 우리 형이에요.
② 여 : 형이 무슨 일을 하세요?
남 : 일을 잘해요.
③ 여 : 형이 무슨 일을 하세요?
남 : 네, 대학생이에요.
④ 여 : 형이 무슨 일을 하세요?
남 : 회사에 다녀요.

6. ① 남 : 동생이 있어요?
여 : 제 동생이에요.
② 남 : 동생이 있어요?
여 : 네, 두 분 계세요.
③ 남 : 동생이 있어요?
여 : 제 여동생이 아니에요.
④ 남 : 동생이 있어요?
여 : 네, 남동생이 하나 있어요.

7 ① 여 : 요리를 잘해요?
남 : 네, 맛있네요.
② 여 : 요리를 잘해요?
남 : 요리를 안 해요.
③ 여 : 요리를 잘해요?
남 : 아니요, 잘 못해요.
④ 여 : 요리를 잘해요?
남 : 마리코 씨가 잘해요.

8. ① 남 : 성함이 어떻게 되세요?
여 : 이지연입니다.
② 남 : 성함이 어떻게 되세요?
여 : 스무 살입니다.
③ 남 : 성함이 어떻게 되세요?
여 : 선생님입니다.
④ 남 : 성함이 어떻게 되세요?
여 : 다섯 명입니다.

9. 여 : 연세가 어떻게 되세요?
남 : 쉰다섯입니다.

10. 여 : 오후에 뭐 할 거예요?
남 : 친구 만나서 같이 농구할 거예요. 저는 농구를 좋아해요.

11. 여 : 방학에 뭐 할 거예요?
남 : 부산에 가서 가족을 만날 거예요.
여 : 가족이 부산에 있어요?
남 : 네, 저는 부산에서 태어났어요. 그리고 19살까지 거기에서 학교를 다녔어요.
그래서 가족도 친구들도 부산에 있어요.

12. 여 : 가족이 몇 명이세요?
남 : 모두 다섯이에요. 부모님이 계시고 누나하고 여동생이 있어요.

13. 남 : 지연 씨, 이쪽은 바타르 씨예요.
제 동아리 친구예요.
여 : 안녕하세요, 바타르 씨? 이야기 많이 들었어요.

14. 남 : 토요일에 뭐 했어요?
여 : 친구를 만나서 저녁 식사했어요.

15. 남 : 한국어를 정말 잘하네요. 영어도 잘해요?
여 : 아니요, 영어는 배웠지만 잘 못해요.
남 : 일본어는 어때요?
여 : 일본어는 못해요. 그렇지만 중국어는 조금 해요.

16. 남 : 그게 뭐예요?
여 : 케이크예요. 오늘 아침에 제 동생이 만들어서 줬어요. 좀 드세요.
남 : 음, 맛있어요. 동생이 요리를 잘하네요.
여 : 네, 제 동생은 요리를 좋아하고, 아주 잘해요.
다음 주부터 빵 가게에서 일할 거예요.

17. 여 : 같이 커피 마실까요?
남 : 미안하지만 오늘은 집에 빨리 가서 공부할 거예요.
내일 시험이 있어요.
여 : 그래요? 그럼 커피는 내일 마셔요. 시험이 몇 시에 끝나요?
남 : 11시 반쯤 끝나요. 12시에 만나서 같이 커피숍에 가요.
여 : 좋아요. 내일 12시, 학교 앞에서 봐요.

18. 여 : 서울병원입니다.
남 : 병원이 몇 시까지 해요?
여 : 월요일부터 금요일까지는 9시부터 6시까지 합니다. 그리고 12시 반부터 2시까지는 점심 시간입니다.
남 : 네. 주말에도 해요?
여 : 토요일은 하지만, 일요일은 쉽니다.
남 : 토요일은 몇 시까지 해요?
여 : 열 시부터 두 시까지 합니다.

[19–20]
이것은 우리 가족사진입니다. 저는 할아버지와 부모님이 계시고, 오빠가 하나 있습니다. 우리 가족은 일곱 시쯤에 모두 같이 아침을 먹습니다. 그리고 아버지는 여덟 시쯤에 회사에 가셔서 저녁 여섯 시까지 일하십니다. 우리 어머니는 지난겨울까지 중학교에서 학생들을 가르치셨습니다. 요즘은 일을 안 하고 집에서 쉬십니다. 오빠는 신문사에서 일합니다. 매일 일이 많습니다. 그래서 밤 열 시쯤에 집에 옵니다.
19. 여자의 가족은 모두 몇 명입니까?
20. 들은 내용과 같은 것을 고르세요.

복습 6

[발음]

track 08 p.96

[1–4]

[보기] ① [배콰점] ② [백화점]

1. ① [따트해요] ② [따뜨태요]
2. ① [만지요] ② [만치요]
3. ① [복짜패요] ② [복자해요]
4. ① [웨구칵쌩] ② [웨쿠학쌩]

[5–8]

[보기] ① [몬만나요] ② [몯만나요]

5. ① [모태요] ② [모해요]
6. ① [모내려요] ② [몬내려요]
7. ① [몯까요] ② [몯카요]
8. ① [모솨요] ② [모돠요]

[듣기]

track 09 p.97

1. (기침)을 해서 병원에 갔어요.
2. (발)이 아파요.

3. 제 전화번호는 010, 2678, (3428)이에요.

4. ① 남 : 유진 씨 휴대폰이지요?
여 : 네, 휴대폰이지요.
② 남 : 유진 씨 휴대폰이지요?
여 : 아니요, 전화하세요.
③ 남 : 유진 씨 휴대폰이지요?
여 : 네, 그렇습니다.
④ 남 : 유진 씨 휴대폰이지요?
여 : 아니요, 유진 씨예요.

5. ① 여 : 동생은 지금 뭐 해요?
남 : 청소하세요.
② 여 : 동생은 지금 뭐 해요?
남 : 청소했어요.
③ 여 : 동생은 지금 뭐 해요?
남 : 청소하고 있어요.
④ 여 : 동생은 지금 뭐 해요?
남 : 청소하고 계세요.

6. ① 남 : 왜 병원에 갔어요?
여 : 배가 고파서 갔어요.
② 남 : 왜 병원에 갔어요?
여 : 배가 아파서 갔어요.
③ 남 : 왜 병원에 갔어요?
여 : 제가 바빠서 갔어요.
④ 남 : 왜 병원에 갔어요?
여 : 제가 예뻐서 갔어요.

7. ① 여 : 내일 같이 영화를 볼까요?
남 : 미안해요. 같이 봐요.
② 여 : 내일 같이 영화를 볼까요?
남 : 미안해요. 내일은 수업이 있어요.
③ 여 : 내일 같이 영화를 볼까요?
남 : 미안해요. 어디에서 만날까요?
④ 여 : 내일 같이 영화를 볼까요?
남 : 미안해요. 내일은 영화를 봐야 돼요.

8. ① 남 : 피곤해요?
여 : 네, 푹 쉬세요.
② 남 : 피곤해요?
여 : 네, 어제 잘 쉬었어요.
③ 남 : 피곤해요?
여 : 네, 어제 잠을 못 잤어요.
④ 남 : 피곤해요?
여 : 네, 정말 심심했어요.

9. 남 : '아……' 하세요.
여 : 아……
남 : 목이 많이 아프세요?
여 : 네, 기침을 많이 해요.
남 : 약을 드시고 집에서 푹 쉬세요.
여 : 약도 여기에서 줘요?
남 : 아니요, 약국에 가서 사셔야 돼요.

10. 남 : 안녕하세요? 뭘 도와드릴까요?
여 : 다음 주가 어머니 생신이에요. 어머니가 여행을 좋아하셔서 같이 여행 갈 거예요. 요즘 어디가 좋아요?
남 : 요즘은 단풍이 아주 좋아요. 설악산이 어떠세요?
여 : 설악산에서는 어디에서 자요?
남 : 산 옆에 설악호텔이 있어요. 바다에서 가까워서 좋아요.

11. 남 : 민수 씨는 지금 어디에 있어요?
여 : 사장님하고 회의하고 있어요.
남 : 회의가 몇 시쯤 끝나요?
여 : 2시 쯤 끝날 거예요. 이따 다시 오세요.
남 : 네, 알겠습니다.

12. 여 : 많이 아파요?
남 : 어제는 열이 많이 났지만 지금은 괜찮아요.
여 : 오늘 학교에 안 와서 선생님이 걱정하셨어요.
남 : 지금은 기침만 조금 해요. 내일은 학교에 갈 거예요. 그런데 오늘 숙제는 뭐예요?
여 : 아이고, 숙제는 걱정하지 말고 푹 쉬세요.

13. 남 : 이 약을 어떻게 먹어야 돼요?
여 : 식사하고 드셔야 됩니다. 아침, 점심, 저녁 세 번 드세요. 물도 많이 드시고 담배는 피우지 마세요.

14. 여 : 줄리앙 씨, 어제 스티븐 씨 생일 파티에 갔지요?
남 : 네, 갔어요. 음식도 많이 먹고 노래도 했어요. 마리코 씨는 왜 안 왔어요?
여 : 주말에 우리 부모님이 한국에 오셨어요.
남 : 아. 그래요? 부모님하고 뭘 했어요?

여 : 부모님과 함께 서울 시내를 구경하고 쇼핑했어요.

15. 여 : 왜 전화를 안 받았어요?
남 : 수업하고 있어서 못 받았어요.
여 : 그래요? 내일 노래방에 같이 갈 거지요?
남 : 미안해요. 내일은 도서관에 가야 돼요. 다음 주에 시험이 있어요.
여 : 아, 그러면 다음에 같이 가요.

16. 남 : 여보세요.
여 : 거기 스티븐 씨 집이지요?
남 : 네, 그렇습니다. 실례지만 누구세요?
여 : 저는 스티븐 씨의 한국어 반 친구 나나예요.
남 : 아, 나나 씨! 안녕하세요? 지금 스티븐 씨는 밖에서 산책하고 있어요. 휴대폰 번호 알지요?
여 : 네. 알아요.

17. 남 : 히엔 씨, 아침 먹었어요?
여 : 저는 아침에 커피만 마셔요.
남 : 그래요? 배 안 고파요?
여 : 베트남에서도 아침에는 커피만 마셨어요.
남 : 저는 오늘 아침에 밥을 먹었지만 배가 고파서 빵을 샀어요. 같이 먹을까요?
여 : 괜찮아요. 저는 이따 점심을 많이 먹을 거예요.

18. 남 : 나나 씨, 왜 늦었어요? 30분 기다렸어요.
여 : 어? 내 문자 못 받았어요?
남 : 무슨 문자요?
여 : 수업이 30분 늦게 끝나서 아까 문자를 보냈어요.
남 : 그랬어요? 제가 문자를 못 봤어요. 제 휴대폰이 지금 집에 있어요.
여 : 아, 그래요? 미안해요. 많이 기다렸지요?

[19–20]
남 : 유진 씨, 오늘 뭐 할 거예요?
여 : 명동에 가서 아버지 선물을 살 거예요. 오늘이 아버지 생신이에요.
남 : 그래요? 그런데 오늘 선물을 사요?
여 : 네, 요즘 바빠서 선물을 못 샀어요.
남 : 무슨 선물을 살 거예요?
여 : 아버지가 모자를 좋아하세요. 그래서 모자를 살 거예요.
남 : 집에 전화는 했어요?
여 : 아니요, 지금 미국은 밤이에요. 그래서 오늘 밤에 전화할 거예요.

19. 무엇에 대해 이야기합니까? 알맞은 것을 고르세요.
20. 들은 내용과 같은 것을 고르세요.

복습 7

[발음]

track 12 p.142

[1–5]
[보기] 교대역 – 성수역, 교대역 – 사당역
1. 시청역 – 봉천역
2. 고속터미널역 – 잠실역
3. 서울대입구역 – 삼성역
4. 이태원역 – 강남역
5. 이대역 – 신도림역

[6–10]

[보기] ① [여덥]	② [여덜]
6. ① [안꼬]	② [알꼬]
7. ① [짭찌만]	② [짤찌만]
8. ① [익씀니다]	② [일씀니다]
9. ① [말꼬]	② [막꼬]
10. ① [얻씀니다]	② [업씀니다]

[듣기]

track 13 p.143

1. 동생은 눈이 (작아요).
2. 그 사람은 정말 (멋있어요).
3. 조금만 (기다려) 주세요.

4. ① 여 : 여기에서 명동까지 어떻게 가요?
남 : 저는 명동에 안 가요.
② 여 : 여기에서 명동까지 어떻게 가요?
남 : 501번 버스를 타세요.
③ 여 : 여기에서 명동까지 어떻게 가요?
남 : 명동은 사람이 많아요.

④ 여 : 여기에서 명동까지 어떻게 가요?
남 : 지하철 4호선을 탔어요.

5. ① 남 : 이번 방학에 고향에 갈 거예요?
여 : 네, 지난 방학에 갔어요.
② 남 : 이번 방학에 고향에 갈 거예요?
여 : 네, 고향까지 아주 멀어요.
③ 남 : 이번 방학에 고향에 갈 거예요?
여 : 아니요, 서울에 있으려고 해요.
④ 남 : 이번 방학에 고향에 갈 거예요?
여 : 아니요, 제 고향은 서울이 아니에요.

6. ① 여 : 제가 좀 도와드릴까요?
남 : 그럼 이거 좀 도와주세요.
② 여 : 제가 좀 도와드릴까요?
남 : 미안하지만 지금은 바빠요.
③ 여 : 제가 좀 도와드릴까요?
남 : 스티븐 씨를 도울 거예요.
④ 여 : 제가 좀 도와드릴까요?
남 : 지난번에 도와줘서 고마웠어요.

7. ① 남 : 어서 오세요. 어디로 갈까요?
여 : 버스를 타고 갔어요.
② 남 : 어서 오세요. 어디로 갈까요?
여 : 서울역에 가 보세요.
③ 남 : 어서 오세요. 어디로 갈까요?
여 : 서울역에서 타야 돼요.
④ 남 : 어서 오세요. 어디로 갈까요?
여 : 가까운 지하철역으로 가 주세요.

8. ① 여 : 이 식당은 뭐가 맛있어요?
남 : 갈비탕 두 그릇 주세요.
② 여 : 이 식당은 뭐가 맛있어요?
남 : 이 식당은 너무 비싸요.
③ 여 : 이 식당은 뭐가 맛있어요?
남 : 갈비탕을 한번 먹어 보세요.
④ 여 : 이 식당은 뭐가 맛있어요?
남 : 친구들하고 자주 먹었어요.

9. 여 : 우리 이번 정류장에서 내려야 되지요?
남 : 네, 이번에 내려서 지하철로 갈아타야 돼요.
여 : 아까 학교 앞 정류장에서 여기까지 15분 걸렸어요.
남 : 그래요? 빨리 왔네요.
여 : 네. 길이 안 복잡해서 빨리 왔어요.

10. 여 : 어서 오세요.
남 : 네, 부산, 5시 표 주세요.
여 : 5시 표는 없습니다.
남 : 그래요? 그럼 몇 시 표가 있어요?
여 : 6시 반 표가 있지만, 일인석이라서 좀 비쌉니다.
남 : 그거로 주세요. 오늘 꼭 가야 돼요.

11. 사람들은 겨울에 이것을 많이 삽니다. 이것은 아주 따뜻합니다. 그래서 사람들은 추운 날에 목에 이것을 하고 밖에 나갑니다.

12. 요즘 사람들은 이것을 많이 탑니다. 어떤 사람들은 버스나 지하철을 안 타고 이것을 타고 회사에 갑니다. 요금도 없고 운동도 많이 돼서 사람들은 이것을 좋아합니다.

13. 여 : 여기요. 남자 구두 좀 보여 주세요.
남 : 남자 구두요? 선물하실 거예요?
여 : 네. 남편 생일 선물이에요.
남 : 아, 그러세요? 그럼 이건 어떠세요?
여 : 네, 그거 좋네요.

14. 여 : 저, 여기 도서관이 어디예요?
남 : 도서관요? 도서관은, 저기 큰 빌딩 있지요?
여 : 저기 저 빌딩요?
남 : 네, 저 빌딩이 학생 식당이에요.
그 뒤로 가세요. 그러면 도서관이 있어요.
여 : 아, 네. 고맙습니다.

15. 남 : 윤제 씨가 누구예요?
여 : 윤제 씨요? 윤제 씨는, 저기, 키 큰 남자 있지요?
그 남자 옆에 있는 청바지 입은 사람이에요.
남 : 저기 안경 쓰고 있는 남자요?
여 : 아니요, 윤제 씨는 안경을 안 썼어요. 그 옆에,
머리가 긴 여자요.

16. 여 : 코엑스몰로 가 주세요.
남 : 코엑스몰요? 네, 알겠습니다.
그런데 지금은 차가 많은 시간이라서 좀 걸립니다.
여 : 얼마나 걸려요?

남 : 보통은 30분쯤 걸리지만 지금은 15분쯤 더 걸릴 겁니다.

여 : 그래요? 그럼 죄송하지만 가까운 지하철역에 내려 주세요.

남 : 네, 그러세요.

17. 여 : 요즘 재미있는 영화, 뭐가 있어요?

남 : 글쎄요. 저도 요즘 바빠서 영화를 잘 못 봤어요. 그런데 히엔 씨는 어떤 영화 좋아해요?

여 : 저요? 저는 무서운 영화 좋아해요. 정우 씨는요?

남 : 저도 무서운 영화 아주 좋아해요.

여 : 그래요? 그럼 우리 정말 무서운 영화, 같이 볼까요?

남 : 좋아요. 이번 주말 어때요?

여 : 네, 좋아요.

18. 남 : 저기요. 거기 있는 귀걸이 좀 보여 주세요.

여 : 이거요? 요즘 여자분들이 아주 좋아하는 디자인이에요. 참 예쁘죠? 여자 친구한테 선물하실 거예요?

남 : 아니에요. 여동생 줄 거예요.

여 : 아, 네. 정말 좋은 오빠시네요.

남 : 뭘요. 이거로 주세요. 얼마예요?

여 : 요즘 세일이에요. 아시죠? 30% 해서 35,000원이에요.

남 : 그래요? 여기 있어요.

[19–20]

여 : 아키라 씨, 이번 방학에 어디 갈 거예요?

남 : 제주도에 가려고 해요.

여 : 비행기 표 샀어요?

남 : 아니요. 요즘 사람들이 제주도로 여행을 많이 가서 표를 못 샀어요. 그래서 배를 타고 갈 거예요.

여 : 네? 배를 타고 제주도에 가요?

남 : 네, 인천항에 배가 있어요.

여 : 그러면 얼마나 걸려요?

남 : 비행기는 한 시간쯤 걸리고 배는 열두 시간쯤 걸려요.

19. 남자는 왜 배를 타고 가려고 해요?

20. 들은 내용과 같은 것을 고르세요.

복습 8

[발음]

track 16 p.188

[1–6]

[보기] ① [익는] ② [잉는]

1. ① [든는] ② [드는]
2. ① [인는] ② [임는]
3. ① [먹는] ② [멍는]
4. ① [재미인네요] ② [재미이네요]
5. ① [장네요] ② [작네요]
6. ① [맹네요] ② [맴네요]

[7–11]

[보기] 제가 할게요. [제가할께요]

7. 친구를 만날 거예요. [친구를만날꺼예요]
8. 제가 가게에 갈게요. [제가가게에갈께요]
9. 수영을 할 수 있어요 [수영을할쑤이써요]
10. 김치를 만들 수 있어요? [김치를만들쑤이써요]
11. A : 언제 영화를 볼까요? [언제영화를볼까요]
    B : 내일 봐요. 제가 표를 예매할게요.
    [내일봐요. 제가표를예매할께요]

[듣기]

track 17 p.189

1. 스티븐 씨가 (있네요).

2. 혼자 (여행)했어요.

3. ① 여 : 내일 우리 집에 올 수 있어요?
   남 : 아니요, 못 와요.
   ② 여 : 내일 우리 집에 올 수 있어요?
   남 : 네, 갈 수 있어요.
   ③ 여 : 내일 우리 집에 올 수 있어요?
   남 : 네, 집에 있어요.
   ④ 여 : 내일 우리 집에 올 수 있어요?
   남 : 네, 우리 집에 오세요.

4. ① 남 : 누가 꽃을 살 거예요?
   여 : 제가 살게요.
   ② 남 : 누가 꽃을 살 거예요?
   여 : 저는 꽃을 좋아해요.

③ 남 : 누가 꽃을 살 거예요?
여 : 네, 살 거예요.
④ 남 : 누가 꽃을 살 거예요?
여 : 저한테 꽃을 주세요.

5. ① 여 : 영어 할 수 있어요?
남 : 뭘요.
② 여 : 영어 할 수 있어요?
남 : 네, 할게요.
③ 여 : 영어 할 수 있어요?
남 : 네, 해 주세요.
④ 여 : 영어 할 수 있어요?
남 : 아니요, 잘 못해요.

6. ① 남 : 주말에 뭐 하고 싶어요?
여 : 여행을 가세요.
② 남 : 주말에 뭐 하고 싶어요?
여 : 여행을 가려고 해요.
③ 남 : 주말에 뭐 하고 싶어요?
여 : 여행을 갔어요.
④ 남 : 주말에 뭐 하고 싶어요?
여 : 여행을 갈 수 없어요.

7. ① 여 : 언제 출발할 거예요?
남 : 9시에 출발하세요.
② 여 : 언제 출발할 거예요?
남 : 춘천으로 떠나야 돼요.
③ 여 : 언제 출발할 거예요?
남 : 서울에서 출발해요.
④ 여 : 언제 출발할 거예요?
남 : 10시 기차를 탈 거예요.

8. ① 남 : 방학을 하면 뭐 할 거예요?
여 : 이번 금요일에 방학을 해요.
② 남 : 방학을 하면 뭐 할 거예요?
여 : 시험이 끝나면 방학을 해요.
③ 남 : 방학을 하면 뭐 할 거예요?
여 : 가족을 만나러 고향에 갈 거예요.
④ 남 : 방학을 하면 뭐 할 거예요?
여 : 고향에 도착하면 전화해 주세요.

9. 여 : 어서 오세요. 뭘 도와드릴까요?
남 : 돈을 바꾸러 왔어요. 50만 원을 바꿔 주세요.

10. 남 : 제주도로 가는 비행기 출발했어요?
여 : 네, 조금 전에 떠났습니다.
남 : 그럼 다음 비행기는 몇 시에 있어요?
여 : 오늘은 없고 내일 아침 일찍 출발하는 비행기가 있습니다.

11. 여 : 방 있어요?
남 : 네, 있습니다. 모두 몇 분이세요?
여 : 여섯 명이에요. 큰 방으로 주세요.
남 : 한 시간 계실 거지요?
여 : 네. 요즘 유행하는 노래도 다 있어요?
남 : 그럼요. 외국 노래도 많아요.
저기 1번 방으로 가세요.

12. 학생들은 방학이 있지만 회사에 다니는 사람들은 이것이 있습니다. 이것을 받으면 회사에 안 갑니다. 그래서 집에서 쉴 수 있고, 여행도 갈 수 있습니다.

13. 이것을 보면 출발하는 날짜와 시간을 알 수 있습니다. 주말과 방학에는 여행하는 사람이 많아서 이것을 일찍 사야 합니다.

14. 지금 사는 집이 비싸서 이것을 하고 싶어요. 싸고 학교에서 가까운 집을 찾고 있어요. 이것을 하면 친구들을 초대해서 작은 파티를 할 거예요.

15. 여 : 와, 경치가 정말 아름답네요.
남 : 산 위에 올라가서 보면 더 멋있어요.
여 : 그래요? 얼마나 더 가야 되지요?
남 : 30분쯤 걸려요.
여 : 다리 안 아파요? 우리 조금 쉴까요?
남 : 그래요. 잠깐 쉬면서 물 좀 마셔요.

16. 여 : 저 사람이 하루카 씨예요?
남 : 누구요?
여 : 신문 보면서 차 마시는 사람요.
남 : 아니요, 그 사람은 하루카 씨 동생이에요.
저기 노래 들으면서 요리하는 사람이 하루카 씨예요.

〈문제〉 여자가 찾는 사람은 누구입니까?

17. 남 : 유진 씨, 한국어 공부가 너무 어려워요.
여 : 그래요? 샤오밍 씨, 그럼 내 친구를 소개해 줄게요.
한번 만나 보세요.
남 : 어떤 친구예요?
여 : 한국 친구예요. 그런데 중국어를 아주 잘해요.
그리고 집도 신림동이에요.
남 : 그래요? 우리 집에서 가깝네요.
여 : 지금 친구한테 전화할까요?
남 : 아뇨, 전화번호를 가르쳐 주면 내가 전화할게요.

18. 여 : 여기서 돈을 바꿀 수 있어요?
남 : 네, 얼마를 바꾸려고 하세요?
여 : 500달러를 바꿔 주세요.
남 : 여권 좀 보여 주세요.
여 : 여권요? 집에 있는데요.
남 : 죄송하지만, 여권이 없으면 바꿔 드릴 수 없습니다.
여 : 그래요? 그럼 내일 다시 올게요.

[19–20]
여 : 어서 오십시오. 예약하셨습니까?
남 : 네, 인터넷으로 예약했는데요.
여 : 성함이 어떻게 되세요?
남 : 박은태입니다.
여 : 잠깐만 기다려 주세요. 네, 여기 있네요.
7월 2일부터 7월 5일까지 침대 하나 있는 방 예약하셨지요?
남 : 네. 맞습니다. 일요일까지 있을 거예요.
바다를 볼 수 있는 방도 있나요?
여 : 지금 손님이 많아서 바다 쪽 방은 없습니다.
죄송합니다.
남 : 괜찮습니다.
여 : 809호입니다. 여기 방 카드 받으세요.

19. 남자가 호텔을 떠나는 날은 언제입니까?
20. 들은 내용과 다른 것을 고르세요.

모범 답안 Answer Key

9과 이분은 누구세요?

어휘

p.18

연습 1

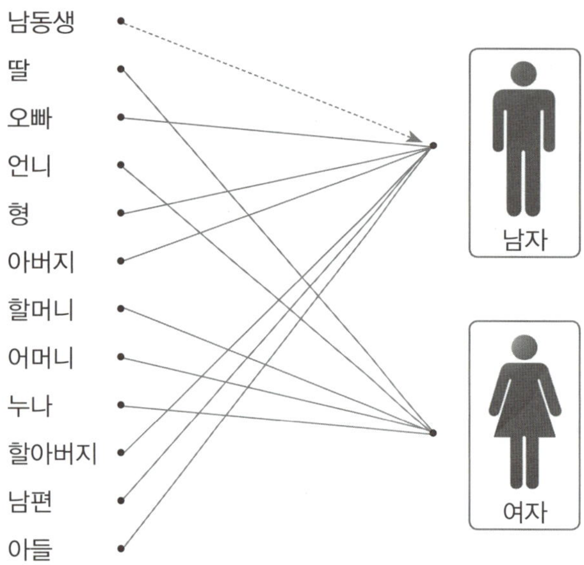

연습 2

연습 3 1) 이름 2) 댁 3) 분, 분 4) 연세 5) 주무시, 자

문법과 표현

1. N(의) N p.20

연습 1 1) 줄리앙의 가방입니다 2) 유진의 자전거입니다
3) 나나의 모자입니다 4) 스티븐의 카메라입니다

연습 2 2) 지연 씨의 3) 승민 씨의 4) 은서의

연습 3 1) 제 시계예요 2) 히엔 씨(의) 휴대폰이에요
3) 제 우산이에요 4) (제) 친구(의) 집이에요

2. N을/를 잘하다[잘 못하다, 못하다] p.22

연습 1 1) 요리를 잘해요 2) 태권도를 잘해요
3) 한국어를 잘해요 4) 수영을 잘해요
5) 영어를 잘해요 6) 노래를 잘해요

연습 2 1) 잘해요 2) 잘 못해요 3) 잘해요
4) 못해요 5) 잘 못해요 6) 잘 못해요

3. N(이)세요 p.24

연습 1 1) ② 2) ③ 3) ① 4) ④ 5) ① 6) ③
7) ④ 8) ②

연습 2 1) A : 이세요 B : 이에요
2) A : 세요 B : 세요
3) A : 이세요 B : 이에요
4) A : 세요 B : 세요

연습 3 1) 이세요 2) 이셨어요 3) 셨어요
4) 셨어요, 이세요

4. A/V-(으)시- p.26

연습 1

	-으세요/세요	-으셨어요/셨어요
친절하다	친절하세요	친절하셨어요
많다	많으세요	많으셨어요
좋다	좋으세요	좋으셨어요
재미있다	재미있으세요	재미있으셨어요
가다	가세요	가셨어요
가르치다	가르치세요	가르치셨어요
배우다	배우세요	배우셨어요
오다	오세요	오셨어요
좋아하다	좋아하세요	좋아하셨어요
입다	입으세요	입으셨어요
읽다	읽으세요	읽으셨어요
듣다	들으세요	들으셨어요
있다	계세요	계셨어요
마시다	드세요	드셨어요
먹다	드세요	드셨어요
자다	주무세요	주무셨어요

연습 2 1) 배우세요 2) 가셨어요 3) 입으세요
4) 좋으셨어요 5) 드세요

연습 3 1) A : 세요　B : 좋아하세요
2) A : 하세요　B : 주무세요
3) A : 하셨어요　B : 들으셨어요
4) A : 드셨어요　B : 먹었어요

문형 연습

p.28

연습 1 1. 나나 씨의 휴대폰이에요
2. 스티븐 씨의 공책이에요
3. 오빠의 자전거예요
4. 선생님의 가방이에요

연습 2 1. 네, 노래 잘해요
2. 아니요, 수영 잘 못해요
3. 네, 운전 잘해요
4. 아니요, 축구 잘 못해요

연습 3 1. 우리 어머니세요
2. 우리 선생님이세요
3. 우리 할머니세요
4. 우리 사장님이세요

연습 4 1. 선생님은 댁에 가세요
2. 선생님은 댁에서 책을 읽으세요
3. 선생님은 어제 영화를 보셨어요
4. 선생님은 어제 불고기를 드셨어요

10과 지금 몇 시예요?

어휘

p.32

연습 1 1) ③　2) ①　3) ④　4) ②

연습 2 1) 언제 샤워를 해요? – 아침에 샤워를 해요.
2) 언제 운동을 해요? – 오후에 운동을 해요.
3) 언제 책을 읽어요? – 밤에 책을 읽어요.

연습 3 1) 요리해요　2) 버스를 기다려요　3) 회의해요
4) 컴퓨터(를) 했어요　5) 빨래했어요

문법과 표현

1. 시간

p.34

연습 1 1) 지금 몇 시예요? – 세 시 이십 분이에요.
2) 지금 몇 시예요? – 일곱 시 삼십 분이에요. / 일곱 시 반이에요.
3) 지금 몇 시예요? – 아홉 시 사십오 분이에요.
4) 지금 몇 시예요? – 열 시 십 분이에요.
5) 지금 몇 시예요? – 열두 시 삼십오 분이에요.

연습 3 1) 여섯 시에 일어났어요.
2) 아홉 시에 학교에 왔어요.
3) 여덟 시에 아침을 먹었어요.
한 시에 점심을 먹었어요.
여섯 시 삼십 분에 저녁을 먹었어요. / 여섯 시 반에 저녁을 먹었어요.
4) 두 시에 컴퓨터를 했어요.
5) 일곱 시에 텔레비전을 봤어요.
6) 열 시에 잤어요.

2. N부터 N까지

p.36

연습 1 1) 여덟 시부터 아홉 시 삼십분까지 / 여덟 시부터 아홉 시 반까지
2) 열 시 오십 분부터 열한 시 십 분까지
3) 금요일부터 일요일까지
4) 월요일부터 금요일까지 영어를 배워요
5) 팔월 십육 일부터 (팔월) 십구 일까지 여행을 해요
6) 십이월 이십삼 일부터 (십이월) 이십오 일까지 콘서트를 해요

연습 2 1) 아홉 시 삼십 분부터 열한 시까지예요 / 아홉 시 반부터 열한 시까지예요
2) 수요일부터 금요일까지예요 / 칠 일부터 구 일까지예요
3) 팔월 십일 일부터 팔월 삼십일 일까지예요
4) 열두 시부터 한 시까지예요
5) 이십삼 페이지부터 이십칠 페이지까지예요

3. V–아서/어서

p.38

연습 1

	–아서/어서
가다	가서
만나다	만나서
사다	사서
오다	와서
요리하다	요리해서
그리다*	그려서
만들다	만들어서

연습 2 1) 보고 2) 가서 3) 하고 4) 먹고
5) 가서 6) 사서 7) 샤워하고 8) 만나서

연습 3 1) 도서관에 가서 책을 읽었어요
2) 서울식당에 가서 비빔밥을 먹었어요
3) 친구를 만나서 영화를 봤어요
4) 일어나서 커피를 마셨어요
5) 요리해서 먹었어요 / 만들어서 먹었어요

4. V-(으)ㄹ 거예요

p.40

연습 1

	-았어요/었어요	-아요/어요	-을/ㄹ 거예요
가다	갔어요	가요	갈 거예요
자다	잤어요	자요	잘 거예요
보다	봤어요	봐요	볼 거예요
오다	왔어요	와요	올 거예요
요리하다	요리했어요	요리해요	요리할 거예요
회의하다	회의했어요	회의해요	회의할 거예요
마시다	마셨어요	마셔요	마실 거예요
먹다	먹었어요	먹어요	먹을 거예요
앉다	앉았어요	앉아요	앉을 거예요
읽다	읽었어요	읽어요	읽을 거예요
걷다	걸었어요	걸어요	걸을 거예요
듣다	들었어요	들어요	들을 거예요

연습 2 1) 갈 거예요 2) 잘 거예요 3) 청소할 거예요
4) 먹을 거예요 5) 앉을 거예요

연습 3 1) (한국어를) 공부할 거예요
2) 영화를 볼 거예요
3) 태권도를 배울 거예요
4) 책을 읽을 거예요
5) 한국 노래를 들을 거예요

문형 연습

p.42

연습 1 1. 일곱 시 삼십 분에 먹어요
2. 여덟 시 사십 분에 와요
3. 세 시 반에 만났어요
4. 열두 시쯤에 잤어요

연습 2 1. 두 시부터 다섯 시까지 해요
2. 열 시부터 열두 시까지 봐요
3. 월요일부터 금요일까지 있어요
4. 유월 육 일부터 팔월 삼십일 일까지 있을 거예요

연습 3 1. 백화점에 가서 옷을 샀어요
2. 한국어 책을 사서 혼자 공부했어요
3. 한국에 와서 태권도를 배웠어요
4. 고향 음식을 만들어서 친구하고 같이 먹었어요

연습 4 1. 한국어 공부를 할 거예요
2. 집에서 쉴 거예요
3. 식당에 가서 불고기를 먹을 거예요
4. 집에서 음악을 들을 거예요

복습 5 어휘와 문법

2. 확인하기

p.45

2. 가십니다 3. 만나십니다
4. 드십니다 5. 읽으십니다
6. 일어나십니다 7. 일어나셨습니다
8. 걸으셨습니다 9. 가셨습니다
10. 사셨습니다

3. 평가하기

p.46

1. ② 2. ② 3. ④ 4. ④ 5. ③ 6. ④ 7. ②
8. ② 9. ④ 10. ③ 11. ② 12. ② 13. ④ 14. ④
15. ② 16. ② 17. ① 18. ③ 19. ③ 20. ④

복습 5 발음

2. 평가하기

p.50

	[의]	[이]	[에]
1. 저는 의사예요	√		
2. 어머니의 사랑			√
3. 회의를 해요		√	
4. 형의 친구			√
5. 의자가 무거워요	√		

6. ③ 7. ② 8. ① 9. ③ 10. ① 11. ②

복습 5 듣기

p.51

1. ③ 2. ③ 3. ④ 4. ② 5. ④ 6. ④ 7. ③

8. ① 9. ② 10. ③ 11. ① 12. ② 13. ② 14. ④

15. ① 16. ③ 17. ① 18. ② 19. ② 20. ③

복습 5 읽기와 쓰기

p.54

1. ③ 2. ④ 3. ① 4. ② 5. ②

6. ① 7. ③ 8. ③ 9. ①

10. 어제 세 시부터 여섯 시까지 회의를 했어요
11. 이번 방학에는 고향에 가서 친구들을 만날 거예요
12. 여덟 시 삼십 분이에요 / 여덟 시 반이에요
13. 이쪽은 마이클 씨예요 / 여기는 마이클 씨예요
14. 공원에서 자전거를 탈 거예요 / 공원에 가서 자전거를 탈 거예요
15. 일곱 시쯤에 저녁을 먹고 여덟 시부터 운동을 해요
16. 지난 주말에 대학로에 가서 연극을 봤어요

17. ② 18. ② 19. X 20. O

11과 감기에 걸렸어요

어휘

p.64

연습 1

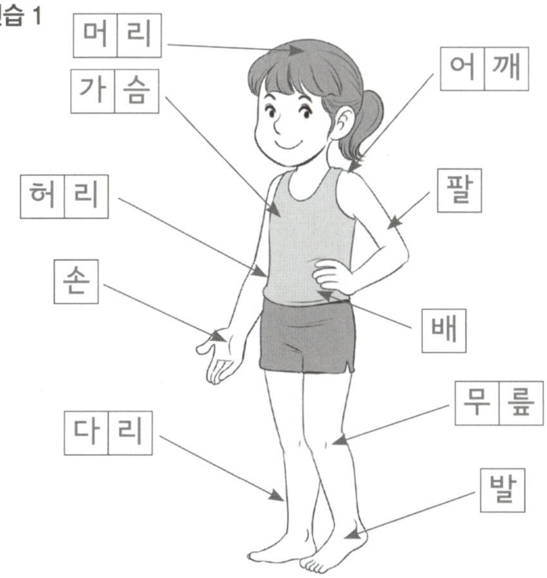

연습 2 2) ① 3) ② 4) ⑤ 5) ④

연습 3 2) 목 – 이 – 아프다
3) 열 – 이 – 나다 / 있다
4) 콧물 – 이 – 나다

문법과 표현

1. 'ㅡ' 탈락

p.66

연습 1

	-아요/어요	-았어요/었어요	습니다/ㅂ니다	-고
나쁘다*	나빠요	나빴어요	나쁩니다	나쁘고
바쁘다	바빠요	바빴어요	바쁩니다	바쁘고
배고프다	배고파요	배고팠어요	배고픕니다	배고프고
아프다	아파요	아팠어요	아픕니다	아프고
예쁘다	예뻐요	예뻤어요	예쁩니다	예쁘고
쓰다	써요	썼어요	씁니다	쓰고
끄다	꺼요	껐어요	끕니다	끄고

연습 2 1) 배고파요 2) 아파요 3) 예쁘고, 예뻐요
4) 끄고, 끄세요 5) 나쁘지만 6) 썼지만, 쓸 거예요

연습 3 1) 바빠요 2) 배고파요 3) 예뻐요 / 예쁘네요
4) 편지를 써요 5) 나빴지만
6) 아팠지만 오늘은 괜찮아요

2. V–지 마세요

p.68

연습 1 1) 자전거를 타지 마세요 2) 수영하지 마세요
3) 전화하지 마세요 4) 음식을 먹지 마세요
5) 사진을 찍지 마세요 6) 담배를 피우지 마세요

연습 2 1) 학교에 가지 마세요 2) (버스를) 타지 마세요
3) 저 영화 보지 마세요 4) 하지 마세요
5) 먹지 마세요 6) 읽지 마세요

3. N만

p.70

연습 1 1) 마리코 씨만 결혼했어요
2) 아키라 씨만 회사원이에요
3) 스티븐 씨만 영어를 잘해요
4) 지연 씨만 요리를 좋아해요

연습 2 1) 한 잔만 마셨어요
2) 한 개만 먹었어요
3) 한 명만 있어요
4) 십 분만 쉬었어요

연습 3 1) 일요일에만 빨래를 해요
2) 주말에만 여자 친구를 만나요
3) 도서관에만 있어요
4) 노래방에서만 노래해요

4. V-아야/어야 되다

p.72

연습 1

	-아야/어야 돼요		-아야/어야 돼요		-아야/어야 돼요
가다	가야 돼요	숙제하다	숙제해야 돼요	만들다	만들어야 돼요
앉다	앉아야 돼요	청소하다	청소해야 돼요	배우다	배워야 돼요
보다	봐야 돼요	마시다	마셔야 돼요	듣다	들어야 돼요
오다	와야 돼요	읽다	읽어야 돼요	쓰다	써야 돼요

연습 2 1) 선물을 사야 돼요 2) 청소해야 돼요
3) 병원에 가야 돼요 4) 공항에 가야 돼요
5) 편지를 써야 돼요

연습 3 1) 약을 먹어야 합니다
2) 숙제를 해야 합니다
3) 양복을 입어야 합니다
4) 휴대폰을 꺼야 합니다

문형 연습

p.74

연습 1 1. 목이 아파요
2. 오늘은 바빠요
3. 날씨가 나빠요
4. 여자 친구가 예뻐요

연습 2 1. 기숙사에서 술을 마시지 마세요
2. 교실에서 담배를 피우지 마세요
3. 도서관에서 이야기하지 마세요
4. 박물관에서 사진을 찍지 마세요

연습 3 1. 아니요, 민수 씨만 배워요
2. 아니요, 불고기만 먹었어요
3. 아니요, 여동생만 있어요
4. 아니요, 목요일에만 아르바이트해요

연습 4 1. 네, 대사관에 가야 돼요
2. 네, 일해야 돼요
3. 네, 영어를 가르쳐야 돼요
4. 네, 리포트를 써야 돼요

12과 여보세요

어휘

p.78

연습 1 1) 전화번호가 어떻게 되세요
2) 여보세요
3) 실례지만 누구세요
4) 안녕히 계세요

연습 2 1) 전화를 안 받았어요
2) 문자를 보냈어요
3) 문자를 받았어요

문법과 표현

1. A/V-지요?, N(이)지요?

p.79

연습 1 1) 김치가 / 음식이 맛있지요
2) 날씨가 춥지요
3) 태권도를 배우지요
4) 농구를 잘하지요
5) 케이크를 먹었지요
6) 숙제를 했지요
7) (어제) 날씨가 더웠지요
8) 스티븐 씨, (스티븐 씨가) 전화했지요

연습 2 1) 일본 사람이지요
2) 줄리앙 씨 사전이지요
3) 커피지요 / 녹차지요
4) 회사원이지요 / 영어 선생님이지요

연습 3 1) 어디 2) 몇 시 3) 얼마 4) 누구

2. V-고 있다

p.81

연습 1 1) 요리하고 있어요
2) 태권도를 배우고 있어요 / 태권도를 하고 있어요
3) 수영하고 있어요
4) 버스를 기다리고 계세요
5) 회의하고 계세요
6) 라디오를 듣고 계세요

연습 2 1) 아이스크림을 먹고 있어요
2) 자전거를 타고 있어요
3) (정우 씨하고 같이) 농구를 하고 있어요
4) 음악을 듣고 있어요
5) 신문을 읽고 있어요

6) 자고 있어요
7) 전화하고 있어요
8) 산책하고 있어요
9) 운동하고 있어요

3. 못 V

p.83

연습 1

사다	못 사요	읽다	못 읽어요	수영하다	수영 못 해요
타다	못 타요	치다	못 쳐요	요리하다	요리 못 해요
보다	못 봐요	듣다	못 들어요	운동하다	운동 못 해요

연습 2 1) B : 피아노 못 쳐요 2) B : 자전거 못 타요
3) A : 쳐요 B : 테니스 못 쳐요
4) A : 타요 B : 스케이트 못 타요
5) B : 수영 못 해요

연습 3 2) 안 3) 못 4) 안 5) 못 6) 안

연습 4 1) 못 먹어요 2) 못 만났어요 3) 못 쉬었어요
4) 산책 못 했어요

4. A/V-아서/어서

p.85

연습 1

	-아요/어요	-아서/어서
좋다	좋아요	좋아서
복잡하다	복잡해요	복잡해서
없다	없어요	없어서
있다	있어요	있어서
맵다	매워요	매워서
춥다	추워요	추워서
바쁘다	바빠요	바빠서
아프다	아파요	아파서
가다	가요	가서
보다	봐요	봐서
하다	해요	해서
먹다	먹어요	먹어서
마시다	마셔요	마셔서
읽다	읽어요	읽어서
걷다	걸어요	걸어서

연습 2 1) 비가 와서 농구를 못 해요
2) 아파서 일을 못 했어요
3) 어제는 날씨가 추워서 수영을 못 했어요
4) 샤워를 하고 있어서 전화를 못 받았어요
5) 병원에 가야 돼서 학교에 못 가요

연습 3 1) 옷이 비싸서 못 샀어요
2) 꽃이 없어서 못 샀어요
3) 더워서 못 잤어요
4) 바빠서 못 먹었어요 / 시간이 없어서 못 먹었어요
5) 김 선생님이 안 계셔서 못 만났어요
6) 공부해야 돼서 못 갔어요

문형 연습

p.87

연습 1 1. 오늘 나나 씨 만나지요
2. 요즘 한국 노래 듣지요
3. 어제 백화점에 갔지요
4. 어제 날씨가 추웠지요

연습 2 1. 마이클 씨는 기자지요
2. 여기가 서울대학교지요
3. 오늘은 목요일이지요
4. 아키라 씨 생일은 십일월 십일 일이지요

연습 3 1. 저 사람은 스티븐 씨예요
2. 이거는 불고기예요
3. 오늘은 칠월 십오 일이에요
4. 저 가방은 오만 오천 원이에요

연습 4 1. 좀 쉬고 있어요
2. 컴퓨터 하고 있어요
3. 책 읽고 있어요
4. 음악 듣고 있어요

연습 5 1. 아니요, 못 가요
2. 아니요, 못 먹어요
3. 아니요, 못 봤어요
4. 아니요, 못 했어요

연습 6 1. 너무 비싸서 못 사요
2. 비가 와서 못 해요
3. 바빠서 못 만나요
4. 회의하고 있어서 못 받았어요

복습 6 어휘와 문법

2. 확인하기 p.91

1. A: 무슨 음식 좋아해요?
   B: 비빔밥 좋아해요. / 비빔밥요.
2. 이 모잔 얼마죠?
3. 이번 방학엔 뭘 할 거예요?
4. 이건 제 전화번호예요.
5. A: 샤오밍 씨 요리 잘하죠?
   B: 아뇨. 잘 못해요.
6. A: 무슨 노래 들어요?
   B: 한국 노래요.
7. A: 고기 먹어요?
   B: 아뇨. 전 고기 안 먹어요.

3. 평가하기 p.92

1. ④ 2. ② 3. ① 4. ④ 5. ④ 6. ② 7. ③
8. ④ 9. ① 10. ① 11. ④ 12. ① 13. ② 14. ②
15. ③ 16. ③ 17. ① 18. ② 19. ② 20. ③

복습 6 발음

2. 평가하기 p.96

1. ② 2. ② 3. ① 4. ① 5. ① 6. ② 7. ① 8. ②

복습 6 듣기 p.97

1. ③ 2. ① 3. ④ 4. ③ 5. ③ 6. ② 7. ② 8. ③
9. ② 10. ④ 11. ③ 12. ③ 13. ④ 14. ② 15. ③
16. ③ 17. ④ 18. ④ 19. ③ 20. ①

복습 6 읽기와 쓰기 p.100

1. ③ 2. ② 3. ③ 4. ④ 5. ② 6. ① 7. ①
8. 술을 마시고 운전하지 마세요
9. 아버지가 한국에 오셔서 공항에 가야 돼요
10. 은 방에서 친구와 전화하고 있어요
11. 모자하고 바지가 모두 예쁘지만 모자만 살 거예요
12. 딸이 아파서 같이 병원에 가야 됩니다
13. 어젯밤에 일기를 쓰고 11시쯤에 잤어요
14. 아니요, 배 안 고파요
15. 시험이 있어서 못 가요 /
    시험 공부를 해야 돼서 못 가요
16. (거기) 김선생님 댁이지요
17. 목이 아파서 왔어요
18. X 19. O 20. X

13과 서울역으로 가 주세요

어휘 p.110

연습 1

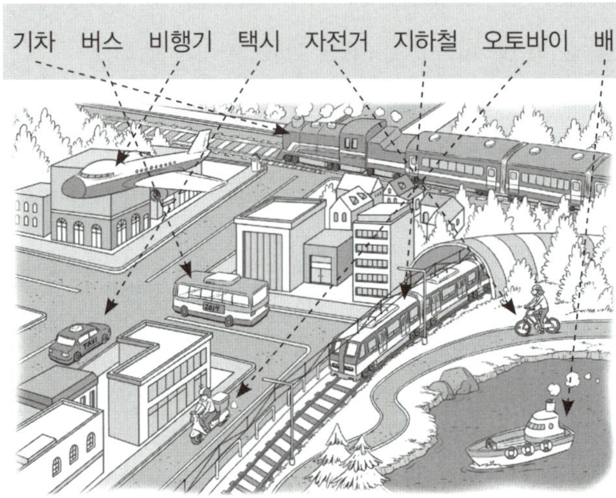

연습 2 1) ③ 2) ② 3) ① 4) ②

연습 3 1) 지하철을 타고 가요
2) 배를 타고 갔어요
3) 자전거를 탔어요
4) 인천공항에서 내렸어요
5) 서울대입구역에서 내려야 돼요

문법과 표현

1. V-(으)려고 하다 p.112

연습 1

	-으려고/려고 해요		-으려고/려고 해요
보다	보려고 해요	먹다	먹으려고 해요
타다	타려고 해요	읽다	읽으려고 해요
내리다	내리려고 해요	입다	입으려고 해요
운동하다	운동하려고 해요	듣다	들으려고 해요
공부하다	공부하려고 해요	걷다	걸으려고 해요

연습 2 1) 택시를 타려고 해요
2) 자려고 해요
3) 수영하려고 해요
4) 아이스크림을 먹으려고 해요

연습 3 1) 제주도에 가려고 해요
2) 비행기를 타려고 해요
3) 친구를 만나려고 해요
4) 영화를 보려고 해요
5) 책을 읽으려고 해요

2. N에서 N까지 p.114

연습 1 1) A : 얼마나 걸려요 B : 십 분 걸려요
2) A : 학교까지 얼마나 걸려요 B : 삼십 분 걸려요
3) A : 집에서 극장까지 얼마나 걸려요
B : 사십 분 걸려요
4) A : 집에서 백화점까지 얼마나 걸려요
B : 한 시간 걸려요
5) A : 집에서 병원까지 얼마나 걸려요
B : 한 시간 십오 분 걸려요
6) A : 집에서 공항까지 얼마나 걸려요
B : 두 시간 걸려요

연습 2 1) 일본에서 왔어요
2) 호주에서 왔어요
3) 프랑스에서 왔어요
4) 미국에서 왔어요

연습 3 1) 에서 2) 에 3) 에서, 까지 4) 에 5) 에서

3. V-아/어 주다 p.116

연습 1

	-아/어 주세요	-아/어 줄까요	-아/어 줬어요
닫다*	닫아 주세요	닫아 줄까요	닫아 줬어요
사다	사 주세요	사 줄까요	사 줬어요
노래하다	노래해 주세요	노래해 줄까요	노래해 줬어요
가르치다	가르쳐 주세요	가르쳐 줄까요	가르쳐 줬어요
기다리다	기다려 주세요	기다려 줄까요	기다려 줬어요
만들다	만들어 주세요	만들어 줄까요	만들어 줬어요
읽다	읽어 주세요	읽어 줄까요	읽어 줬어요
쓰다	써 주세요	써 줄까요	써 줬어요
돕다	도와주세요	도와줄까요	도와줬어요

연습 2 2) 닫아 주세요 3) 사 주세요 4) 하세요
5) 기다려 주세요 6) 쉬세요 7) 써 주세요
8) 도와주세요

연습 3 1) 와 주세요
2) 읽어 주세요
3) 찍어 주세요
4) 가 줬어요
5) 전화해 줬어요

4. N(으)로 p.118

연습 1 1) 로 2) 로 3) 으로 4) 으로 5) 으로 6) 로
7) 로 8) 로

연습 2 1) 뒤로 2) 앞으로 3) 옆으로

연습 3 1) 서울대학교로 가요
2) 도서관으로 갔어요
3) 오른쪽으로 가세요
4) 칠 층으로 가세요
5) 공항으로 가 주세요

문형 연습 p.120

연습 1 1. 지하철을 타려고 해요
2. 서울대입구역에서 내리려고 해요
3. 비빔밥을 먹으려고 해요
4. 한국 음악을 들으려고 해요

연습 2 1. 집에서 회사까지 사십 분 걸려요
2. 학교에서 강남까지 한 시간 걸려요
3. 한국에서 일본까지 두 시간 걸려요
4. 호주에서 한국까지 열 시간 걸려요

연습 3 1. 커피를 사 주세요
2. 케이크를 만들어 주세요
3. 편지를 써 주세요
4. 숙제를 도와주세요

연습 4 1. 서울대로 가요
2. 집으로 가요
3. 일본으로 가요
4. 서울로 가요

14과 이 옷을 입어 보세요

어휘

p.124

연습 1

1) 셔츠하고 바지를 입었어요
2) 치마를 입고 운동화를 신었어요
3) 모자를 쓰고 코트를 입으셨어요
4) 양복을 입고 구두를 신으셨어요

연습 2 1) 길어요 2) 높아요 3) 작아요 4) 두꺼워요 5) 불편해요

문법과 표현

1. 'ㄹ' 탈락

p.126

연습 1

	-아요/어요	-습니다/ㅂ니다	-네요	-으세요/세요
놀다	놀아요	놉니다	노네요	노세요
만들다	만들어요	만듭니다	만드네요	만드세요
살다	살아요	삽니다	사네요	사세요
알다	알아요	압니다	아네요	아세요
울다	울어요	웁니다	우네요	우세요
길다	길어요	깁니다	기네요	기세요
멀다	멀어요	멉니다	머네요	머세요

연습 2 1) 우 2) 사 3) 만들 4) 멀어 5) 기 6) 삽 7) 열어 8) 놀

2. A-(으)ㄴ N

p.128

연습 1

	-은/ㄴ		-은/ㄴ
크다	큰	두껍다	두꺼운
예쁘다	예쁜	귀엽다	귀여운
불편하다	불편한	길다	긴
높다	높은	멀다	먼
많다	많은	멋있다	멋있는
얇다	얇은	재미없다	재미없는

연습 2 1) 큰 2) 친절한 3) 높은 4) 좋은 5) 얇은 6) 가까운 7) 긴 8) 멋있는

연습 3 1) 좋은 / 나쁜 2) 비싼 / 싼 3) 큰 / 작은 4) 어려운 / 쉬운 5) 예쁜 / 귀여운 6) 긴 / 짧은 7) 재미있는 / 재미없는 8) 맛있는 / 맛없는

3. N한테[께]

p.130

연습 1 1) 정우한테 2) 줄리앙한테 3) 나한테 4) 민수한테 5) 친구한테

연습 2 1) 나나는 정우에게 선물을 줬습니다.
2) 마리코는 줄리앙에게 전화했습니다.
3) 동생은 나에게 이메일을 보냈습니다.
4) 아키라는 민수에게 커피를 줬습니다.
5) 나는 친구에게 한국어 책을 줬습니다.

연습 3 1) 선생님께 사과를 드렸어요
2) 샤오밍 씨한테 볼펜을 주셨어요
3) 할아버지께 안경을 드렸어요
4) 할아버지는 형한테 모자를 주셨어요
5) 형은 어머니께 구두를 드렸어요
6) 어머니는 동생한테 빵을 주셨어요
7) 동생은 나한테 운동화를 줬어요

연습 4 1) 할아버지께 컴퓨터를 가르쳐 드렸어요
2) 아버지께 책을 읽어 드렸어요
3) 어머니께 주스를 만들어 드렸어요

4. V-아/어 보세요 p.132

연습 1

	-아요/어요	-아/어 보세요
만나다	만나요	만나 보세요
오다	와요	와 보세요
전화하다	전화해요	전화해 보세요
먹다	먹어요	먹어 보세요
배우다	배워요	배워 보세요
마시다	마셔요	마셔 보세요
신다	신어요	신어 보세요
입다	입어요	입어 보세요
듣다	들어요	들어 보세요
쓰다	써요	써 보세요

연습 2 1) 한번 신어 보세요
2) 한번 입어 보세요
3) 한번 써 보세요

연습 3 1) 한국어를 한번 배워 보세요
2) 비빔밥을 한번 먹어 보세요
3) 인사동에 한번 가 보세요
4) 녹차를 한번 마셔 보세요
5) '친절한 나영 씨'를 한번 읽어 보세요

문형 연습 p.134

연습 1 1. 저는 사당동에 삽니다
2. 마리코 씨는 케이크를 만듭니다
3. 이 이야기는 아주 깁니다
4. 학교에서 집까지 좀 멉니다

연습 2 1. 슬픈 영화를 봤어요
2. 짧은 치마를 샀어요
3. 매운 음식을 좋아해요
4. 재미있는 사람을 좋아해요

연습 3 1. 동생한테 이메일을 보내요
2. 아버지께 편지를 써요
3. 여자 친구한테 이 책을 줄 거예요
4. 선생님께 이 꽃을 드릴 거예요

연습 4 1. 김 선생님을 한번 만나 보세요
2. 중국어를 한번 배워 보세요
3. 켈리 씨한테 한번 전화해 보세요
4. 이 노래를 한번 들어 보세요

복습 7 어휘와 문법

2. 확인하기 p.137

1. 네 2. 아니요 3. 네 4. 아니요 5. 네 6. 네
7. 아니요 8. 네 9. 아니요 10. 못 쳐요
11. 입을 거예요 12. 알아요 13. 안 했어요
14. 몰라요 15. 없어요 16. 알아요
17. 못 만났어요 18. 재미있어요

3. 평가하기 p.138

1. ② 2. ① 3. ③ 4. ② 5. ③ 6. ② 7. ③
8. ① 9. ③ 10. ③ 11. ④ 12. ② 13. ① 14. ④
15. ② 16. ① 17. ④ 18. ③ 19. ① 20. ②

복습 7 발음

2. 평가하기 p.142

1. O 2. O 3. X 4. O 5. X
6. ① 7. ② 8. ① 9. ① 10. ②

복습 7 듣기 p.143

1. ① 2. ③ 3. ④ 4. ② 5. ③ 6. ① 7. ④
8. ③ 9. ③ 10. ② 11. ④ 12. ④ 13. ② 14. ①
15. ③ 16. ④ 17. ④ 18. ② 19. ③ 20. ④

복습 7 읽기와 쓰기 p.146

1. ④ 2. ② 3. ③ 4. ④ 5. ④ 6. ① 7. ③ 8. ③
9. ① 10. ③ 11. 우 12. 대전까지 두 시간 걸려요
13. 선생님께 사과를 드려요 14. 부산에 가려고 해요 / 부산에 갈 거예요
15. 비빔밥을 (한번) 먹어 보세요 16. ① 17. ①
18. ③ 19. O 20. X

15과 여행을 가고 싶어요

어휘

p.156

연습 1 1) 여권을 만들어야
2) 돈을 바꿀까요
3) 비행기 표를 예매하려고
4) 호텔을 예약했어요

연습 2 1) 구경거리가 많아서
2) 물건값이 싸서
3) 맛있는 음식이 많아서
4) 경치가 아름다워서

연습 3 1) 열한 시에 출발해요
2) 일곱 시 이십오 분에 도착해요
3) 세 시에 출발해서 다섯 시에 도착해요
4) 경주를 여행했어요
5) 다음 주말에 돌아올 거예요

문법과 표현

1. A/V-(으)면

p.158

연습 1

	-으면/면		-으면/면
나쁘다	나쁘면	가다	가면
복잡하다	복잡하면	끝나다	끝나면
비싸다	비싸면	만나다	만나면
많다	많으면	오다	오면
없다	없으면	좋아하다	좋아하면
있다	있으면	타다	타면
좋다	좋으면	먹다	먹으면
덥다	더우면	받다	받으면
맵다	매우면	만들다	만들면
춥다	추우면	살다	살면

연습 2 1) 친구를 만나면, 친구를 안 만나면
2) 돈이 있으면, 돈이 없으면
3) 길이 복잡하면, 길이 안 복잡하면
4) (친구가) 꽃을 좋아하면, 꽃을 안 좋아하면
5) 날씨가 추우면, 날씨가 더우면

2. V-는 N

p.160

연습 1

	-는		-는
가다	가는	듣다	듣는
마시다	마시는	먹다	먹는
보다	보는	읽다	읽는
쉬다	쉬는	찍다	찍는
자다	자는	만들다	만드는
이야기하다	이야기하는	살다	사는
전화하다	전화하는	알다	아는
좋아하다	좋아하는	열다	여는

연습 2 1) 자는 2) 이야기하는 3) 전화하는
4) 음악을 듣는 5) 책을 읽는 6) 게임을 하는

연습 3 1) 아키라 씨가 다니는 2) 스티븐 씨가 이야기하는
3) 지연 씨가 만드는

연습 4 1) 제가 자주 오는 2) 스티븐 씨가 공부하는
3) 한국 사람들이 아주 좋아하는

3. V-고 싶다

p.162

연습 1 1) 자고 싶어요 2) 사진을 찍고 싶어요
3) 텔레비전을 보고 싶어요 4) 게임을 하고 싶어요
5) 결혼하고 싶어요 6) 춤추고 싶어요

연습 2 1) 아르바이트하고 싶어요
2) 집에서 쉬고 싶어요
3) (공원에서) 자전거를 타고 싶어요

연습 3 1) 등산을 하고 싶었지만 비가 와서 못 했어요
2) 사고 싶었지만 비싸서 못 샀어요
3) 만나고 싶었지만 바빠서 못 만났어요

4. V-고 싶어 하다

p.164

연습 1 1) 농구를 하고 싶어 해요
2) 한국 노래를 듣고 싶어 해요
3) 김 선생님을 만나고 싶어 해요

연습 2 1) 놀고 싶어 해요
2) 자고 싶어 해요
3) 타고 싶어 해요

연습 3 1) 나는 재미있는 영화를 보고 싶지만 남자 친구는 무서운 영화를 보고 싶어 해요

2) 나는 산에 가고 싶지만 여자 친구는 바다에 가고 싶어 해요
3) 나는 백화점에 가고 싶지만 남편은 시장에 가고 싶어 해요 / 나는 백화점에서 사고 싶지만 남편은 시장에서 사고 싶어 해요
4) 나는 드라마를 보고 싶지만 아버지는 뉴스를 보고 싶어 하세요

연습 4 2) 가고 싶어요 3) 주고 싶어 해요
4) 마시고 싶어요 5) 구경하고 싶어 하세요

문형 연습

p.166

연습 1 1. 방학을 하면 고향에 갈 거예요
2. 비행기 표가 없으면 기차를 탈 거예요
3. 시험이 끝나면 집에서 쉴 거예요
4. 돈이 많으면 여행할 거예요

연습 2 1. 스티븐 씨가 마시는 차는 녹차예요
2. 나나 씨가 먹는 음식은 불고기예요
3. 민수 씨가 배우는 운동은 수영이에요
4. 줄리앙 씨가 듣는 노래는 한국 노래예요

연습 3 1. 저는 커피를 마시고 싶어요
2. 저는 제주도로 여행을 가고 싶어요
3. 저는 냉면을 먹고 싶어요
4. 저는 한국어를 잘하고 싶어요

연습 4 1. 샤오밍 씨는 농구를 하고 싶어 해요
2. 정우 씨는 책을 읽고 싶어 해요
3. 켈리 씨는 인사동에 가고 싶어 해요
4. 아키라 씨는 집에서 쉬고 싶어 해요

16과 우리 집에 올 수 있어요?

어휘

p.170

연습 1 1) 계획했어요 2) 초대했어요 3) 축하했어요
4) 선물했어요 5) 식사했어요

연습 2 1) 일찍 2) 늦게 3) 조금 4) 천천히 5) 잘

연습 3 1) 많이 2) 많은 3) 늦게 4) 늦는 5) 빨리
6) 빨리

문법과 표현

1. V-(으)ㄹ 수 있다[없다]

p.172

연습 1

	-을/ㄹ 수 있어요		-을/ㄹ 수 있어요
가다	갈 수 있어요	먹다	먹을 수 있어요
오다	올 수 있어요	읽다	읽을 수 있어요
수영하다	수영할 수 있어요	걷다	걸을 수 있어요
운전하다	운전할 수 있어요	듣다	들을 수 있어요
치다	칠 수 있어요	만들다	만들 수 있어요
쓰다	쓸 수 있어요	살다	살 수 있어요

연습 2 1) A : 한국어를 할 수 있어요 B : 할 수 있어요
2) A : 김치를 먹을 수 있어요 B : 못 먹어요
3) A : 스키를 탈 수 있어요 B : 아니요, 못 타요
4) A : 케이크를 만들 수 있어요
B : 네, 만들 수 있어요

연습 3 1) 일이 많아서 만날 수 없어요
2) 어려워서 읽을 수 없어요
3) 길이 복잡해서 빨리 갈 수 없어요
4) 맥주를 마셔서 운전할 수 없었어요
5) 피곤해서 일찍 일어날 수 없었어요

2. V-(으)ㄹ게요

p.174

연습 1

	-을게요/ㄹ게요
가다	갈게요
보다	볼게요
노래하다	노래할게요
쓰다	쓸게요
먹다	먹을게요
읽다	읽을게요
듣다	들을게요
만들다	만들게요

연습 2 1) 편지 쓸게요 2) 일찍 일어날게요
3) 많이 읽을게요 4) 열심히 공부할게요

연습 3 1) 제가 (호텔을) 예약할게요
2) 제가 (지도를) 준비할게요
3) 제가 (사진을) 찍을게요
4) 제가 (김밥을) 만들게요

연습 4 2) 오늘 오후에 도와줄게요
3) 스티븐 씨가 노래할 거예요
4) 여덟 시까지 갈게요
5) 제가 연락할게요

3. V-(으)러 가다[오다]

p.176

연습 1

	-으러/러 가요		-으러/러 가요
만나다	만나러 가요	먹다	먹으러 가요
배우다	배우러 가요	읽다	읽으러 가요
사다	사러 가요	찍다	찍으러 가요
쉬다	쉬러 가요	걷다	걸으러 가요
자다	자러 가요	듣다	들으러 가요
구경하다	구경하러 가요	놀다	놀러 가요
운동하다	운동하러 가요	만들다	만들러 가요

연습 2 1) 구두를 사러 2) 운동하러 3) 책(을) 읽으러
4) 커피 마시러 5) 돈을 바꾸러

연습 3 1) 사진을 찍으러 갔어요
2) 같이 공부하러 갔어요 / 숙제하러 갔어요
3) 그림(을) 구경하러 가요
4) 친구를 만나러 가요 / 친구를 만나러 갈 거예요
5) 김치를 만들러 가요 / 김치를 만들러 갈 거예요

4. V-(으)면서

p.178

연습 1

	-으면서/면서		-으면서/면서
기다리다	기다리면서	먹다	먹으면서
마시다	마시면서	씻다	씻으면서
보다	보면서	읽다	읽으면서
쓰다	쓰면서	입다	입으면서
치다	치면서	걷다	걸으면서
운동하다	운동하면서	듣다	들으면서
전화하다	전화하면서	만들다	만들면서

연습 2 1) 커피를 마시면서 신문을 읽어요 / 신문을 읽으면서 커피를 마셔요
2) 전화하면서 버스를 기다려요 / 버스를 기다리면서 전화해요
3) 음악을 들으면서 운동해요 / 운동하면서 음악을 들어요
4) 친구하고 이야기하면서 걸어요 / 친구하고 걸으면서 이야기해요
5) 노래하면서 요리해요 / 요리하면서 노래해요

연습 3 1) 울면서 편지 쓰 / 편지 쓰면서 울
2) 저녁을 먹으면서 한국 드라마를 봐요 / 한국 드라마를 보면서 저녁을 먹어요
3) 일하면서 한국어를 배워

연습 4 1) 햄버거 먹으면서 일했어요 / 일하면서 햄버거 먹었어요
2) 음악 들으면서 쉬었어요 / 쉬면서 음악 들었어요
3) 아르바이트하면서 한국어 공부할 거예요

문형 연습

p.180

연습 1 1. 네, 만날 수 있어요
2. 아니요, 못 가르쳐요
3. 네, 읽을 수 있어요
4. 아니요, 못 만들어요

연습 2 1. 제가 살게요
2. 제가 연락할게요
3. 제가 도와줄게요
4. 제가 만들게요

연습 3 1. 명동에 옷을 사러 가요
2. 커피숍에 친구를 만나러 가요
3. 은행에 돈을 찾으러 가요
4. 친구 집에 놀러 가요

연습 4 1. 커피를 마시면서 이야기했어요
2. 샤워하면서 노래했어요
3. 신문을 읽으면서 버스를 기다렸어요
4. 음악을 들으면서 숙제했어요

복습 8 어휘와 문법

2. 확인하기

p. 183

1. 그래서 2. 그렇지만 3. 그리고 4. 그래서
5. 그런데 6. 그리고 7. 그러면 8. 그렇지만

9. 그런데 10. 그러면

3. 평가하기 p.184

1. ④ 2. ③ 3. ④ 4. ② 5. ④ 6. ④ 7. ②
8. ④ 9. ③ 10. ① 11. ③ 12. ③ 13. ② 14. ③
15. ② 16. ③ 17. ③ 18. ④ 19. ② 20. ③

복습 8 발음

2. 평가하기 p.188

1. ① 2. ② 3. ② 4. ① 5. ① 6. ②
7. 친구를 만날 거예요.
8. 제가 가게에 갈게요.
9. 수영을 할 수 있어요.
10. 김치를 만들 수 있어요?
11. B : 제가 표를 예매할게요.

복습 8 듣기 p.189

1. ④ 2. ① 3. ② 4. ① 5. ④ 6. ② 7. ④ 8. ③
9. ② 10. ① 11. ④ 12. ④ 13. ② 14. ③ 15. ②
16. ③ 17. ② 18. ① 19. ④ 20. ③

복습 8 읽기와 쓰기 p.192

1. ① 2. ③ 3. ③ 4. ① 5. ④ 6. ③ 7. ② 8. ①
9. ④ 10. 여행을 가고 싶어 하지만 바빠서 못 가요
11. 시험이 안 끝나서 모임에 갈 수 없어요
12. 날씨가 좋으면 여행을 갈 거예요
13. 이 선생님을 만나러 왔어요
14. 시간이 있으면 같이 식사할까요
15. 마리코는 지금 숙제를 하고 나나는 지금 책을 읽어요
16. 샤오밍은 지금 텔레비전을 보면서 밥을 먹어요
17. ③ 18. ② 19. X 20. O

집필 Authors

최은규 Choi Eunkyu
서울대학교 국어국문학과 박사
Seoul National University, Ph.D. in Korean Language and Literature
서울대학교 언어교육원 한국어교육센터 대우부교수
Seoul National University, LEI Associate Professor

진문이 Jin Moon-e
이화여자대학교 국어국문학과 박사 과정 수료
Ewha Womans University, Ph.D. Candidate in Korean Language and Literature
서울대학교 언어교육원 한국어교육센터 대우전임강사
Seoul National University, LEI Full-time Instructor

송지현 Song Gihyun
이화여자대학교 한국학과(한국어 교육 전공) 석사
Ewha Womans University, M.A. in Korean Studies(Teaching Korean as a Foreign Language)
서울대학교 언어교육원 한국어교육센터 대우전임강사
Seoul National University, LEI Full-time Instructor

오은영 Oh Eunyoung
서울대학교 교육학과 박사
Seoul National University, Ph.D. in Education
전 서울대학교 언어교육원 한국어교육센터 대우전임강사
Seoul National University, former LEI Full-time Instructor

번역 Translator

이소영 Lee Soyoung
이화여자대학교 교육공학과 박사
Ewha Womans University, Ph.D. in the Department of Educational Technology
서울대학교 언어교육원 한국어교육센터 대우전임강사
Seoul National University, LEI Full-time Instructor

번역 감수 Translation Editor

로버트 카루바 Robert Carrubba
서강대학교 국어국문학과 석사
Sogang University, M.A. in Korean Language and Literature
한국어 교육자 및 번역가
Korean Language Educator and Translator